落落乾坤大布衣

大师 于右任

Century
Masters
Yu Youren

百年巨匠 国际版 系列丛书

蔺虹霞◎编著

敦煌文艺出版社

图书在版编目（C I P）数据

落落乾坤大布衣：大师于右任 / 蔺虹霞著. -- 兰州：敦煌文艺出版社，2019.3
ISBN 978-7-5468-1692-0

Ⅰ．①落… Ⅱ．①蔺… Ⅲ．①于右任（1879-1964）
－生平事迹 Ⅳ．① K827=6

中国版本图书馆 CIP 数据核字（2019）第 022092 号

百年巨匠 国际版系列丛书

落落乾坤大布衣

大师于右任

蔺虹霞　著

责任编辑：田　园
装帧设计：李晓玲　禾泽木

敦煌文艺出版社出版、发行
地址：（730030）兰州市城关区曹家巷1号新闻出版大厦23楼
邮箱：dunhuangwenyi1958@163.com
0931-2131556（编辑部）　　　0931-8773112（发行部）

成都市金雅迪彩色印刷有限公司印刷
开本 710 毫米 ×1000 毫米　1/16　印张 12　插页 1　字数 153 千
2022 年 3 月第 1 版　2022 年 3 月第 1 次印刷
印数：1～3 600

ISBN 978-7-5468-1692-0

定价：48.00元

目录

Contents

第一章

农民之子

NONGMIN ZHIZI

1879年的春天，赵氏生下一个健康的男婴。添丁进口，整个于家都备感高兴和兴奋，爷爷以《四书》中"夫子循循善诱人"为典，给孩子起名为伯循，字诱人。这个男孩子，就是日后傲立民国政坛，引领书界的于右任。

第一节

出身贫寒

1879 年 4 月 11 日，于右任诞生在陕西省三原东关河道巷一个普通的农民家庭。陕西三原，史称"甲邑"，古称"池阳"，因境内有孟候原、丰原、白鹿原而得名。三原历史上一直是西北重镇，自北魏太平真君七年（446）置县，至今有1570 多年历史，素有"衣食京师、亿万之口"的美誉。但是，在于右任出生的时代，关中平原却由于天灾人祸，处于水深火热之中，三原也深受其害，民不聊生，生活艰苦。

于家起初并不在三原，而是世居陕西泾阳斗口村。泾阳自古以来受郑渠、白渠灌溉之利，一直是关中富庶之地，人民安居乐业。清朝中叶以后，陕甘地区先后爆发了回、汉人民起义，清政府采取残酷的武力镇压措施，战争不断，当地水利设施遭到破坏,人民生活受到极大影响。到了于右任的祖父一代,泾阳"富庶之地"已经不复之"富庶"存在,为了能够活下去,其祖父全家迁居三原。当时的清政府,处于内忧外患中,尤其是1840年鸦片战争后,西方帝国主义加紧了对中国的蚕食和侵略,清政府昏庸腐败,古老的中华民族陷入深重的危机之中。1860年后,太平天国残部北上西北,被称为西捻,在陕甘一带与当地的回民起义军联合起来,同清王朝的军队继续作战。清政府为镇压起义军,投入大量军队,由此产生的后勤、军饷和钱粮,全靠陕西、山西两省负担。同时,常年的战争已经严重消耗清政府的国力财力,为还清向英、法借贷的战争贷款,政府只得不断加重对百姓征税。陕甘地区人民,饱受战争之苦,还不得不交纳沉重的税赋。

在这种局面下,于右任的父亲于宝文在村塾里只读了两年书,在他十二岁那年(1866),就跟着哥哥于宝铭和几名乡亲步行到四川谋生。四川自古被称为"天府之国",受地理环境影响,陕南许多地方人们有去四川谋生的传统。于宝文到四川后,最开始在四川南充学手艺,后来到岳池一家当铺里做学徒。当铺的掌柜名叫马芰洲,也是陕西三原人士。马掌柜很喜欢于宝文,觉得他为人可靠,勤奋聪明,时间不长,就叫于宝文做他的助手,帮助刻书。马芰洲的祖先为明代大儒,颇有学名,在故乡及西北一带是尽人皆知的诗书家庭。马芰洲虽然经商,但以家族的文化传统为自豪,平时喜欢刊刻先祖的遗著,以传后世。于宝文在马芰洲的店里,一直待到1878年,在他二十四岁的时候,一封家书命他回家成亲。

虽然在四川干得得心应手,但亲命难违,于宝文告别了马老板和众工友,带着积攒起来的工钱,返回家乡陕西。在家里等着他的新媳妇,是家人早已为他挑选的赵家姑娘,也就是于右任的亲生母亲。

于右任的外祖父,不是陕西当地人,是为了躲避天灾人祸出来逃难的。他本是甘肃静宁县的农民,姓赵,由于家乡连续几年的旱灾,本就不富裕的家庭沦为赤贫。罕见的大旱,地里的庄稼连年绝收,实在活不下去。妻子因劳累、忧愁过度，在贫病交加中死去，他思来想去，本地再无活路，眼前只有弃家逃荒一条路可走。万般无奈之下，他只好用背篓背着两岁的儿子，手牵着七八岁的女儿，加入逃荒大军，一路向南乞讨。

跟着逃荒的队伍，他带着一双儿女，忍饥挨饿，边走边乞。走到邠州与长武交界处，女儿因为连日奔波，加上营养不良，患上严重脚疾，双脚肿大，脚底溃烂，根本无法行走。虚弱的父亲身上背着两岁的幼子，再也无力背负女儿。怎么办？留在此处，地处荒山野岭，只能坐以待毙；继续走，女儿每走一步脚都钻心地疼痛，实在走不动。这样拖下去，一家三口都有饿死在荒野的可能。父亲没办法，咬咬牙，只得狠心把女儿丢在荒山中，背着儿子，挥泪离去。赵家女儿被独自留在荒野，手里只有半块冰凉的红薯，看着父亲远去的背影，恐惧和孤独一起向她袭来，只能号啕大哭，希冀父亲能转身回来带上她，可是，天色渐渐变暗，父亲却再也没有回来。

也是她命不该绝，当最后一抹夕阳落入后山，一支骆驼队缓缓地朝她这儿走来。小姑娘鼓起最后的力气，用嘶哑的嗓子喊着："大叔！大爷！救救我！""大叔！大爷！快救救我呀！"

在那个年代里，西北内陆商贸活动主要依靠骆驼队的商贩。他们常年游走在城市乡村之间，依靠长途贩运谋生。这些人大部分也都是下层的劳动人民，富有同情心。女孩告诉他们，她父亲今天才把她丢弃在这里，几个人一合计，决定将她带上，跟着驼队一起走，兴许路上能遇到她的家人。就这样，他们把女孩子扶上骆驼，急忙赶路。第二天，果然在途中碰到一群灾民，一打听，很快就找到了她的父亲和弟弟。

看见自己的女儿被驼队救下，本就后悔莫及的父亲又喜又惊，他不知说什么才好，几乎要给驼队的商贩们跪下。驼队说了几句劝慰的话，还送了他一点散碎银子做盘缠，便径自赶路去了。经历了此事的父亲，发誓就是死也要一家人死在一起。幸亏有了商队帮助，父亲医好女儿的脚病，最后历经千辛万苦，逃到陕西泾阳县云阳镇附近的庄头村落户下来。十二年后，经媒人介绍，当年的女孩嫁给了于宝文。

婚后，两夫妻过了一段甜蜜的时光。几个月后，于宝文要回四川了，毕竟家里需要银钱，如今有了自己的家，更是需要他出外挣钱了。此时的赵氏已经怀上了孩子，虽然极为不舍丈夫远行，但奈何家门口没有活路。临行前，小两口说不够的体己话，互相嘱咐，互相托付，一个让男人在外要注意身体，凡事安全为先，挣了钱早点回家；一个让女人在家要孝敬公婆，勤持家务，保持家庭和睦。二人商量好，三年后丈夫便回家团聚。于宝文心里暗暗发誓，自己这趟出去一定混个样子回来，多带银钱回家。他不知道的是，这一去便成为与新婚妻子的永别。

1879 年的春天，赵氏生下一个健康的男婴。添丁进口，整个于家都备感高兴和兴奋，爷爷以"四书"中"夫子循循善诱人"为典，给孩子起名为伯循，字诱人。这个男孩子，就是日后傲立民国政坛，引领书界的于右任。1905 年，他在《新民丛报》刊文，批驳钱基博《中国舆地大势论》中"长江流域民族处置大河流域民族"的荒唐论点，首次署名"于右任"。"右任"，既是"诱人"的谐音，亦暗含反清之意。因我国一向以"披发左衽"来指代受异族统治，故"右任"之"任"，系从"衽"而来。

第二节

亲母过世

  赵氏生完孩子后,由于家境不好,加之负担全家重任,产后没有得到较好的调养,身体日渐瘦弱。赵氏只顾照料年幼的孩子,对自己的健康根本顾不上,慢慢地生了一场小病,没有多余的钱抓药治疗,最终拖成了大病。到了于右任两岁的时候,赵氏终于倒下了,卧床不起,眼看着水米不进了。这时,于右任的伯母房氏半月前回娘家省亲,得到赵氏病危的消息,她连夜赶回三原东关河道巷家里。进得家门,看见赵氏躺在床上,气息奄奄,危在旦夕,房氏的眼泪当时就下来了。她走上前去,一把攥住赵氏的手,强忍悲伤说道:"妹子啊,这是咋了,我才离开半月,你咋就得了病了呢。"

  房氏、赵氏虽是妯娌,但情同姊妹,加上两人的丈夫都远赴四川谋生，照顾家庭的共同责任和共同的命运把她们连在一起，互相照顾，互相体贴。

赵氏微微睁开双眼，看着房氏，话还没说出口，一颗黄豆大的眼泪先流下了脸颊。她拉着房氏的手，哭诉道："嫂嫂，您来了就好了，我就等着您呢。"

房氏擦擦眼角的泪水，强作笑颜说道："妹子，有啥话你就说吧，我听着呢。"

赵氏虚弱地说道："嫂嫂，这一遭，我怕是过不去了。"

房氏闻听此言，又忍不住哭了出来，一边哭，一边宽慰赵氏。

赵氏接着说："嫂嫂，我这个人命苦，得了这个病，是我没有福气。现在，我唯一放心不下的，就是身边的这个孩子。他爸爸不在家，我只好把他托付给嫂嫂了，请您把他当作自己的儿子来看待。我们今生是妯娌，来世我愿做你的弟妹或妻子，来报答嫂嫂的恩情。"

房氏见赵氏如此说，紧紧握住赵氏的手，满口应承下来。赵氏托付完毕，完成了最后心愿，带着对生活的无限眷恋，带着对丈夫和孩子的无限牵挂，撒手人寰。

母亲去世后，于右任为伯母房氏所抚养。房氏结婚后，一直没有孩子，如今赵氏去世，临终前嘱托她代为抚养子侄，她也就果真尽心尽力抚养于右任，视为己出，疼爱有加。房氏的娘家是陕西泾阳县杨府村人，世代务农。房家是一个大家族，四世同堂，人丁兴旺。她的父亲兄弟五人，他们有十五个子女，房氏排行第九，出嫁前家里人和村里人都叫她九姑娘。九姑娘十七岁嫁给于宝铭，婚后不久，于宝铭外出谋生，她和丈夫聚少离多，弟媳赵氏去世时她才二十七岁。

男人都不在家，弟媳如今又去世了，房氏以侄为子，把抚养于右任看作是自己的事，不辜负赵氏临终的嘱托。为了更好地抚养年幼的侄儿，房氏下定决心，回娘家去住。她找来弟弟，赶了牛车，收拾了简单的行李，自己和孩子从河道巷搬去娘家。不久，东关河道巷于家的房子遭了火灾，想回去也回不成了。就这样，于右任在伯母娘家一住就是九年。

一个出嫁的女人，带着别人的骨肉，长期住在娘家，这种事情在旧社会，实在惹人非议。很快的，关于房氏的流言蜚语开始传播开来。了解她的人说她傻，不理解的人就编排她的谣言。村子里有位好心的婆婆，看到九姑娘养着体弱多病的侄子，对她提出忠告。后来于右任在《于太夫人行述》中这样写道：里中老妪某曰："九姑娘抱病串串侄儿，欲了今生，岂不失算？况儿有父，父有一子，即提携长大，辛苦为谁？又闻其伯父已卒于南方，尔以青年长寄母家，眼角食能吃一生乎？"伯母曰："受死者之托，保于氏一块肉，非望报也。设无此病儿，无此母家，不为傭以食力，则为尼以事神。失节背信，神其殛我！"房氏的决心，如此坚定！

娘家人虽说很尊敬这个九姑娘，但时间长了，带着个外姓的孩子长期久居，也难免对她有些意见。房家当时有二十几口人，虽然劳动力多，但农田收入也很有限，要维持这么多人的生活并非易事。房氏义正词严告诉家人，说这个孩子早早没了母亲，身世可怜，房家人一向都是正义正直之家，必不能难为一个孩子。娘家的人一向敬重九姑娘，看她态度坚决，也就渐渐视幼年丧母的于右任如九姑娘之子，人人疼爱。于右任在这个大家庭得到了足够的温暖，过得很安定，并没有寄人篱下的感觉。

渐渐长大后，已经懂事的于右任有一天突然问伯母："哥哥姐姐们都姓房，唯独我姓于，为啥？"房氏见孩子也大了，就将小右任搂在怀里，一五一十把寄居在房氏外家的原委告诉他。年幼的右任失去母亲时，还不满两岁，母亲究竟是个什么样子，他全然不记得。他带着哭腔，求伯母告诉他母亲的样子，房氏怕孩子伤心，也只是简单对他说："你母亲的脸方方正正的，是个心口如一的老实人，那是我最忘不了的。"她接着教导右任："虽然她去世早，但她很疼爱你，希望你长大好好读书，做个对国家有用的人才。"小右任听了，懂事地狠狠点下头。日后，虽然母亲的印象在他脑海里几乎等于零，但他对母亲的崇敬之情却是十分深厚。1929 年陕西遭受了历史上罕见的旱灾，于右任回陕参加救灾活动,在三原时特地到斗口村祖茔扫墓,祭祀后写的《斗口村扫墓杂诗》六首中,第一首就是《先母赵太夫人》,是献给他母亲的。1941年10月,于右任时任监察院院长,趁赴青海、甘肃考察之便,特地前往母亲的老家甘肃静宁县"寻根"。在归途中,他还特地绕道长武,寻找当年逃荒时被外祖父遗弃他母亲的那个山谷,实地感受母亲当年所受的苦楚,感念母亲的生身之恩。

除了常常思念母亲,于右任还将无法对母亲报答的恩情,推及他的舅父赵思恭身上。自小残疾的舅父没读过什么书,一辈子都是个普通老百姓。于右任不觉得舅父地位低微,反而在生活中对他时常照顾,当他在南京任职时,经常把舅父接到南京赡养。每遇宴请宾客时,于右任的家里经常是高朋满座,有些还是当时政界显赫一时的大佬,于右任并不因为来宾位高权重而冷落他的舅父,总是让其坐在首位,并向客人们郑重介绍,席间,也常常提起舅父对他的教导。这种对母亲、舅舅的深厚感情,当年目睹此情此景的宾客,数十年之后也难以忘怀,常常提起。1929年于右任五十岁时,陕西发生大灾荒,他为救灾到三原,还特地回到杨府村房氏外家,看望舅母及诸表兄弟,并作诗五首,追忆儿时的读书生活:

一

朝阳依旧郭门前,似我儿时上学天;
难慰白头诸舅母,几番垂泪话凶年。

二

无母无家两岁儿,十年留养报无期;
伤心诸舅坟前泪,风雨牛车送我时。

三

记得场南折杏花,西郊枣熟射林鸦;
天荒地变孤儿老,雪涕归来省外家。

四

桑柘依依不忍离，田家乐趣更今思；

放青霜降迎神后，拾麦农忙散学时。

五

愁里残阳更乱蝉，遗山南寺感当年；

颓垣荒草神农庙，过我书堂一泫然。

第三节

险丧狼口

　　孝顺的于右任，对待将自己养大的伯母也怀着深厚的感情。他尚在襁褓之中，就被房氏抚养，其后发蒙、上学乃至走上革命道路，伯母都是他精神的支柱和坚强的后盾。房氏没读过书，但深明大义，具有中国传统女性的美德。她拿这个侄子当亲生儿子养育，却从未有私心，每年清明，一定带着于右任到斗口村去扫墓，到了于家墓地，指着一座一座的坟墓，郑重地告诉他，这一座坟是你于家的什么人，那一座坟又是你于家的什么人。走到赵氏坟前时，房氏必定会让右任向母亲跪拜，并在坟墓前汇报孩子一年的成长和成绩。这一切，于右任看在眼里，记在心上。长大后，于右任更是佩服伯母的为人和品德，深深理解了伯母的艰辛和忍受的委屈。

伯母去世后，出于对伯母的热爱和思念，爱屋及乌，于右任对房氏外家的亲属关怀备至，视房家的晚辈犹如自己的子女，他们男婚女嫁，于右任总是亲自主持，以报伯母养育的恩德。

母亲去世后，于右任的父亲因为远在四川谋生，无法赶回家来照顾，只能将孩子托付房氏收养。尽管人回不来，但于宝文按时寄钱回家，并且时不时会将在四川收集到的一些书籍寄回陕西。他在信中嘱咐，战乱之后，书籍宝贵，一定要妥善保存，待孩子长大后，也一定要读书受教育。这些书籍，为日后于右任的学习提供了便利。

童年的于右任，很快长到了六岁，长得虎头虎脑，甚是可爱。当时陕西战乱后，农事荒废，农业生产遭到严重破坏。当地的农民为了维持生计，多兼营畜牧，养一些牛羊。于右任的一个表哥，用家里给的压岁钱，从邻居家买了一只摔断腿的跛羊，每天领出去吃草放牧，几个月后，居然生了几只活泼可爱的小羊羔。于右任见了，羡慕不已，也想要一只跛羊，就缠着伯母恳求。房氏不忍拂他的心意，权当给孩子买个玩具，就用很少的钱去买了一只跛羊。于右任高兴极了，天天赶着跛羊，和表哥及同村儿童去放牧。到了冬天后，村头村尾附近羊草没有了，牧童们不得不走得很远，去荒野找牧草喂羊。

有一天，于右任照例跟着牧童们走了很远去放牧，他的瘸腿羊边吃边走，他也跟着羊越走越远。此时已进初冬，几只饿极的野狼突然从荒草丛中跳出，朝羊群猛扑过来。孩子们惊呼着四散奔逃，羊群也吓得四散逃命，很快，两只跑不快的瘸腿羊落在后面，被恶狼扑倒咬死。于右任年纪最小，跑得最慢，落在人群后面，一只狼截住他的去路，龇着牙，瞪着眼，嘴里发出嘶嘶声，将他逼在一座坟墓前。就在这千钧一发之际，附近地里有一位割苜蓿的青年农民，名叫杨牛娃，看见野狼袭人，就手持镰刀，嘴里大喊着飞奔到于右任身边。趁着野狼分神的瞬间，杨牛娃抱起于右任，拼命朝村里跑去。野狼看见成年人，不敢追赶，于右任就这样捡回来一条命。

野狼袭人事件后，房氏连惊带吓，得了一场病，从此再也不让于右任出去放羊。村里的长者得知此事后，也觉得村中子弟这样每日嬉闹，终究不是办法。眼下战乱已定，百废待兴，应该将这些孩子集中起来，接受教育。村里人商量后，决定办一所私塾，收容成天嬉耍的孩子，让他们学习一些知识。

于右任作品

第四节

六岁发蒙

办私塾，地方是现成的，塾址就设在村上的马王庙中，老师却不好找。凑巧，隔壁村有一位饱学之士，复姓第五，为东汉大司农第五伦的后人，六十多岁，本打算到外县去打短工，听说杨府村要办私塾，便毛遂自荐，在杨府村的私塾任了塾师。开学后，于右任也进了私塾，开始启蒙读书。第五先生在这所私塾授课前后两年，他教书很认真，对待学生也很严厉。第五先生幼年时也是孤儿，当他得知于右任的身世，又看到于右任衣服虽然破旧，但每天总是洗得干干净净，不像一个没有娘的孤儿，心里很有感触。他经常抚摸着于右任的小脑袋叹息道："世上没有母亲的孤儿多着呢，哪能个个都像你这样幸运呢？你可一定要努力读书，长大报答你的养母。"

于右任进私塾发蒙后，伯母非常重视他的学习，每天晚上，当于右任在油灯下读书写字时，房氏总是拿着针线活，不声不响坐在他的身边，尽管她不识字，但看着小右任努力学习，她就很满足，很高兴；一旦听说右任在私塾上顽皮，房氏就表现出伤心郁闷，责怪于右任不该荒废学业。于右任在《怀恩记》中写道："伯母督课每夜必至三鼓，我偶有过失，或听到我在学校嬉戏，常数日不欢。"每年清明节，伯母都带着他回乡扫墓，在生母墓前哭着说，孩子几岁了、读了什么书。每当此时，于右任都"闻声悲痛，读书不敢不勤"。在老师和伯母的监督和激励下，于右任学习非常刻苦认真，进步很快。

两年后，私塾的第五先生因为身体原因辞馆，村塾又请了另一位塾师授课。这后来的老师学识平平，与之前的第五先生无法相提并论。伯母房氏听说后，不想耽误于右任的学业，就自作主张，仿效"孟母三迁"，把侄儿送到三原县城去就读。县城地方大，好老师多，房氏不怕花钱，尽量给侄儿创造一个好的学习环境。她带着十一岁的于右任，辗转找到于右任的一位族祖于重臣，并托他为于右任拜师三原县有名的塾师毛班香先生。于重臣在三原县南大街做米店生意，本身也是个读书人，与毛班香交情甚好。见家乡的子弟来三原读书，于重臣很高兴也很重视，就近在家附近东关渠岸为于右任租了一个住处，并送于右任入私塾读书。

第五节

十年寒窗

　　毛氏私塾的毛班香,字经畴,与其父毛亚苌两人同为关中有名的塾师。毛先生的教学方法,与众不同,年纪大一些、基础较好的弟子他亲自授课,年岁小的学生,则由大的学生去教。这倒不是先生偷懒,而是毛先生一贯的教育方法:因材施教,循序渐进,重视学生学习各个阶段的实效性。每日上课后,毛先生授课两次,将文章中的重点、难点详细讲解,讲过的文章,则要求学生背诵,熟记于心,过几日,也要求学生连带一起背。这种不求甚解,但一定要烂熟于心的背诵功夫,对这些年纪尚幼的学子来说,确实是学习古文典籍的好方法。过去许多年,凡毛先生教过的篇章,于右任仍然记得很清楚,为其日后的继续学习奠定了深厚的基础。

毛师为人，无论做什么事，都聚精会神，专心致志，教书是这样，写文章同样是这样。他经常对仰慕他的学生解释："我没有什么长处，只是勤能补拙而已。"于右任深深记住了这句话，并将其作为日后治学和做事的座右铭。凡事不轻言放弃，千方百计也要达成目标，遇到困难，更要知难而上，成为于右任一生遵循的原则。

毛先生的父亲毛亚苌先生也是一位学识渊博的塾师，写得一手好字。于右任入其私塾读书时，先生已经年事渐高，不怎么带学生，而是在家养老。只有当毛班香先生因事外出时，才由他代授，学生们都称他为"太夫子"。于右任六十岁时在他的《牧羊儿自述》中，曾经记录过这位"太夫子"："他生平涉猎甚广，喜为诗，性情诙谐，循循善诱。自言一生有两个得意门生：一是翰林宋伯鲁，一是名医孙文秋。希望我们努力向上，将来胜过他们。对我的期望尤殷，教导也特别注意。太夫子又喜为人作草书，其所写的是王羲之的'十七鹅'，每个鹅字，飞、行、坐、卧、偃、仰、正、侧，个个不同，字中有画，画中有字，皆宛然形似，不知其本从何而来。"可以看出来，毛亚苌先生写十七个"鹅"字而各自生态，绝不重复，给少年的于右任留下深刻印象。于右任后来勤学苦练，以草书闻名于世，成为当代的"草圣"，不能说与这位太夫子的启蒙和影响没有关系。

跟随毛班香先生学习了一段时间后，于右任开始学作古体诗和近体诗。为了学作诗，他把《唐诗三百首》《古诗源》和《诗选》等学诗的"范本"都找出来读，但总觉得读起来不大对劲，所以对作诗不感兴趣。有一天，于右任为毛先生料理馆务，在毛先生的书架上，发现了文天祥和谢枋得的两册诗集残本，试读之后，只觉得"声调激越，意气高昂，满纸的家国兴亡之感"，如醍醐灌顶。于右任一下开了窍，他明白了"诗以言志"的道理，认识到了学习作诗的重要性，也领悟了作诗的门径。日后，于右任秉持为民发声的态度，所作的诗，多半以国家兴亡、民间疾苦为主题。

于右任在毛班香的私塾读九年，学了经书、诗文及书法，特别是学习了毛先生的治学之道。近十年的求学时光，除了他自己的努力和毛氏父子的教诲外，他的父亲、养母房氏和族祖于重臣，是帮助他成长的三位重要人物。

其父于宝文，虽然读书不多，只读过两年私塾，但早年赴四川学生意，长期刻书、校书，与岳池地区的学者接触频繁，博览群书，勤学好问。他在岳池期间，曾手抄过全部《史记》，修过家谱，选成治家语录和格言三卷，又借抄张之洞的《酋轩语》《书目问答》和袁子才的《小仓山房尺牍》等书，圈点过《十三经》两遍。因此他的见识，反较一般科举中人为高。更重要的是，于宝文虽然没读过几年书，一直为生计操劳，却很重视自身学养，也极为重视于右任的学习。据于右任自己讲，做学问的门径，"得益于庭训为多"。于宝文在四川刻书期间，每年的薪水不过数十两银子，几年回家一次，又要还债，家境甚窘。但只要有好书，于宝文却从不吝惜钱财，照买不误，还把历年所得的书，不断寄回家中，以致家中到颇有一些藏书。于宝文还常在信中指点于右任，将自己的读书心得告诉儿子：某书当读，某书某处重要。1889 年，于宝文带着于右任的继母刘氏从四川回到三原，在东关石头巷赁屋而居。于右任在其《斗口村扫墓杂诗》（六首）中，有一首记述了父子共同读书的事情：

发愤求师习贾余，东关始赁一椽居。

严冬漏尽经难熟，父子高声替背书。

于右任养成发愤向上的学习态度，还与养母房氏的悉心照料和日常督促分不开。房氏虽然只是一介女流，也不识字，但对待下一代的学习非常重视。尤其对待于右任，督课甚严，每晚总要陪伴于右任学习到三更。每当于右任在学习上松懈或者玩心过重，房氏就使出"杀手锏"，佯装生气，甚至不理睬于右任。她知道这个孩子自小就孝顺，最怕她生气，事情的结果也每次都如她所愿，于右任每当看到伯母郁郁寡欢的脸色，就知道错了，深感不该荒废学业耽于嬉耍,立即改正并发愤学习。直到六十岁于右任写《牧羊儿自述》时,回忆起房氏伯母"爱护之心和严正之气,至今梦寐中犹时时遇之"。终其一生对伯母的养育之恩,一直感念不忘。

于右任的族祖于重臣,也是于右任成长过程中的一位功臣,倘无于重臣的资助,于右任不可能离开杨府村到三原毛班香私塾求学。

毛氏私塾距于重臣住处甚近,青少年时代的于右任常到族祖家看望这位长辈。这位爷爷对侄孙也十分钟爱,关心他的学习,常常给他学习用品和糖果。后来于右任因《半哭半笑楼诗草》罹祸亡命上海,于重臣恐遭灭族之灾,举家逃亡,几年后形势渐转松动,于重臣方敢回家。于重臣得了重病,弥留之际仍十分惦念流亡海外的于右任,不停地向身边人打听于右任回来否。于右任曾有诗一首悼念其族祖:

袖中书本袋中糖,入学相携感不忘。

恸绝江南亡命日,弥留犹唤我还乡。

萬頃滄江萬頃秋鏡天
飛盡一雙鷗摩峷數尺
沙邊柳待汝成陰繫客
舟董穎詩
于右任

于右任作品

第二章

矢志革命

SHIZHI GEMING

在从少年跨入青年的近十年中，于右任学业有长足的进展，思想上也日渐成熟，身体也渐渐长成。那个懵懂无知的牧羊少年，已经成长为虽稚气未脱、但踌躇满志的青年才俊。

第一节

得中秀才

　　十年寒窗苦读，于右任在私塾这个小环境里，每日用功，其间艰苦，自不待言。除了学习任务重，于右任的生活也过得颇为清苦。伯母家人口众多，家庭负担重，父亲虽从外地寄钱，奈何只够日常基本开销，还要还债和付学费。虽有族祖于重臣的接济，但于右任还是十分拮据，有时穷得连买盐的钱都没有。有一年，于右任租住的前院开了一家鞭炮作坊，招聘了一些妇孺儿童帮工。于右任为了补贴家用，就利用课余时间，到鞭炮作坊打零工。他在作坊里跟着师傅学习制作鞭炮，打炮眼、装药线、编炮仗。作坊里薪水一日一结，每做一盘可得制钱一文，一天做三四盘，就能赚上三四文钱。这些钱，于右任除了贴补家用，剩下的就买纸笔文具之类。小小的作坊,帮助于右任解决了很大的生活问题,谁知,有一天晚上,鞭炮作坊突然失火,老板全家都被大火烧死。天亮后,于右任跑到前院一看,作坊已变成一片瓦砾场。原来,存放火药的几口大陶缸不知什么原因发生了爆炸,引燃了堆放鞭炮的房屋。于右任居住的房子与鞭炮坊之间隔了一堵墙,否则,于右任自己也会遭此横祸。

随后,于右任又找到了一条贴补家用的新路子。当时,陕西学政为奖励文章写得好的学生,在有些书院设有一种"考课",经常吸引一些青年学生来参加考试,对考得好的学生发点儿钱,以示奖励。于右任十四岁那年,跟随着年纪大一些的学生到三原学古书院去参加"考课",第一次就得了二钱银子的奖金,折换成制钱约二百三十枚,等于在鞭炮作坊做两个月的小工。于右任高兴极了,他第一次用自己的才学挣到了钱,以后就经常去参加这种"考课",一则可以练练笔,再则也是一笔不小的收入。时间久了,由于于右任在考课时经常得奖,同学们都劝他早一点去应童子试,尽早考中秀才。于右任把这个意见告诉父亲和族祖于重臣,二位长辈却不赞成,认为他年纪还小,不宜过早去应试,还是应该继续学习,增强自身的才学。所以,尽管于右任在当时已经很有才名,但仍在毛氏私塾继续读书。一直到十七岁的时候,于右任参加岁考,不出所料考了个第一名,名列三原县的榜首,中了秀才。

第二节

西北奇才

考中秀才后，私塾的毛先生认为他已学有所成，应该进更高的学堂，跟着名师进一步深造。于是，于右任离开了培育他九年多的毛班香老师，前往三原的宏道书院、泾阳的味经书院、西安的关中书院去住读。两年下来，于右任在这几个有名的书院都学习过了，阅历渐广，眼界扩大，思想渐高，读书也渐多。

1898 年，于右任二十岁时，恰逢叶尔恺出任陕西学政。在当时各省的提学使中，叶尔恺以学问渊博著称，并且思想较为开明，喜欢讲求新学，尤其喜欢提拔具有新思想新思维的年轻人。叶尔恺到任后，提学使的衙门设在三原，他为了掌握陕西学子的功力和实力，出了几十道试题给秀才们去做。所出的题，各门学问无不具备，并限一月交卷。于右任起初并没有太重视这次考核，在"冬寒无火，夜间呵冻所书，忽浓忽淡，甚形潦草"的情况下，勉强应付了十多篇交上去。他没想到的是，这些不甚用心的试卷却得到叶尔恺的激赏。叶尔恺认为于的诗文策论、见识襟度卓尔不凡，在当时的秀才中独树一帜。独具慧眼的叶学台在卷子上批道："入关以来，未见第二人。""作者奇才妙笔，可以自成一家。"对一个秀才来讲，学台的这些话实在是很大的赞赏。在随后的接见时，叶尔恺对于右任说了许多嘉奖、勉励的话，并大书"西北奇才"赠送给他，还拿出一部薛福成的《出使四国日记》给他阅读，鼓励他留心世界大势，末了还说："这部书我只带来一部，阅后仍须送还。"可见学台大人对于右任的青睐。

于右任来自农家，与叶尔恺素无渊源，更没有什么私下的交情，全省教育首长之尊的提学使，如此看重一个年轻的秀才，称誉其为"西北奇才"，主要是爱其才华。于右任所做的

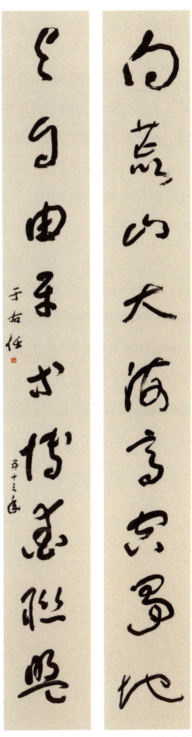

于右任作品

十几篇试卷，涉及各方面的学问，给叶尔恺留下了极为深刻的印象。从他在于右任的试卷上批注的话语来看，叶尔恺看中他的学识、才气。

有了叶尔恺的赏识，于右任的名声渐渐传了出去，许多人都知道了这名刚满二十岁的学子。随后，接替叶尔恺督学陕西的沈淇泉（沈钧儒先生的叔父），对于右任也非常欣赏。他还将一项重要的社会任务交给于右任完成，以锻炼他的能力。当时陕西遭遇了一场严重旱灾，百姓食不果腹，死亡枕藉，沈淇泉筹募到一笔巨款，在三原开设粥厂，救济灾民。他命令于右任出任粥厂厂长，做好灾民的赈济工作。于右任接过任务，精心做了准备，在粥厂内创立会计制度，培训了一众民工各司其职，场地也做了精心规划，把繁忙纷杂的粥厂管理得井井有条。灾民无论老幼，每人都能及时得到救济，度过了灾荒难关。由于过于劳累和操心，于右任虽然年轻，最后还是累得生了一场大病。粥厂前后办了一年，一直到来年新麦下来才关闭。这段经历，锻炼了于右任的组织管理才能，并让他近距离地接触了社会底层最贫苦的民众，感受到了他们的贫弱和痛苦。他不由得深思，到底是什么造成了民众的灾难，难道仅仅只是天灾吗？

于右任作品

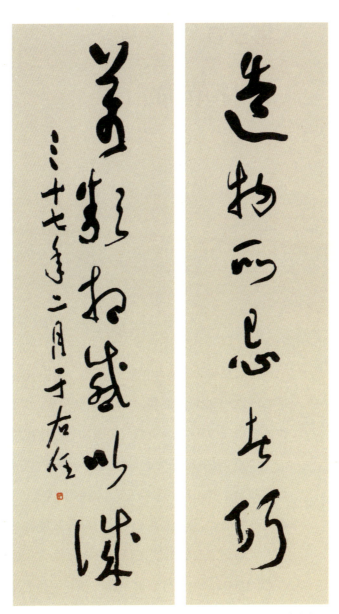

于右任作品

第三节

许身革命

在从少年跨入青年的近十年中，于右任学业有长足的进展，思想上也日渐成熟，身体也渐渐长成。那个懵懂无知的牧羊少年，已经成长为虽稚气未脱、但踌躇满志的青年才俊。

1900 年，中国发生了一件大事——庚子事变。由于西方列强加紧了对中国的侵略掠夺，激起中国百姓普遍愤恨，义和团趁势而起，以"扶清灭洋"为号召，开展反对西方帝国主义的运动。清政府听信义和团能够刀枪不入杀光洋人的传言，于 1900 年 5 月 25 日对八国宣战。为扑灭义和团的反帝斗争，扩大对中国的侵略，英、美、法、俄、德、日、意、奥八国组成的侵略联军，1900 年 6 月，由英国海军中将西摩尔率领，从天津租界出发，向北京进犯。战争爆发后，清政府战败，八国联军攻占了北京，实际掌权者慈禧太后带着光绪皇帝，仓皇出奔，一路向西。当銮驾抵达西安时，陕西中学堂连同巡抚衙门改为西太后和光绪帝的行宫，学堂不得不停课。停课不算，时任陕西巡抚的岑春煊，命令学堂师生衣冠整齐地跪在道旁迎接慈禧"圣驾"。师生足足跪了一个多小时，等到"圣驾"通过后，才有人喝令大家起立散开。这事使于右任很是愤懑，内心充满屈辱。政府军队不堪一击，地方官吏只知鱼肉百姓，连皇帝都要逃难，国家弄到这般境地，慈禧西太后还要摆臭架子。年轻气盛的于右任一腔闷气无法发泄，回到宿舍，展开笔墨纸砚，洋洋洒洒写了一封长信给巡抚大人岑春煊。在信中，他力陈时弊，矛头直指当朝最高统治者，请求岑春煊利用西太后驻跸本地的机会，杀掉慈禧，拥护光绪皇帝，重新实行新政。

这封信写好后，被同窗好友王麟生看见。王大惊失色，极力劝阻于右任，详说此事非同小可，自己掉脑袋不说，搞不好得株连九族。他劝于右任不要太莽撞，说岑春煊搞这"跪地迎接"的阵仗，巴结西太后唯恐不及，怎么可能会去"杀掉西太后"呢？你的信到了他手中，无异是自己去送死。于右任听了王麟生的劝告，冷静下来，也觉此事想得太简单，就打消了这"上书"的幼稚念头。

书信不上，但于右任心中的怒火和愤懑却一点不见减轻。于右任七岁时，某日傍晚，和伯母一家老少二十余口在麦场上吃晚饭，闲谈中，他表哥突然发问："我们读了《百家姓》，为什么书里没有县官的姓呀？"于右任的四外祖回答道："他们是满洲人，两百多年前满洲人打败了明朝的朱皇帝，占了明朝的天下，所以我们的《百家姓》里，不要他们的姓。"四外祖的话当然不是事实，实际上《百家姓》始于北宋年间，没有收录满族的姓氏，但这种"不要他们的姓"的朴素的民族意识，却在幼小的右任头脑里扎下了根。长大后，跟随刘古愚、丁信夫、朱佛光等老师学习，接触了新学，尤其是读过谭嗣同的一些宣扬新思想的著作，他很受启发，眼界也大为开阔。

当时的陕西，交通闭塞，不像上海等沿海城市容易看到新书新报，适逢莫仁安、敦崇礼两位牧师在陕西传教，于右任的父亲于宝文，因刻书关系与他们熟悉，向他们借了不少《万国公报》《万国通鉴》等报纸，于右任不时翻阅他父亲借来的这些新报刊，对于环球大势，有了一些新的了解。他当时写的诗，不再囿于个人的喜怒哀乐，把笔触扩展到亚洲及世界的范围。如他写的一首《和朱佛光先生步施州狂客原韵》的诗，这种思想已经初露端倪：

愿力推开老亚洲，梦中歌哭未曾休。

人权公对文明敌，世事私怀破坏忧。

偶尔题诗思问世，时闻落叶可惊秋。

太平思想何由见？革命才能不自囚！

戊戌变法失败，六君子被杀，全国为之震动。此时的于右任已经转向维新主义，认为唯有暴力革命才能挽狂澜于既倒，单纯的改良主义已经行不通了。"年齿渐长，阅事渐多，每与人言，多询时务。每读书史，多求理道。"他为一股热情驱动，冒着风险跑去找当时味经书院的山长刘古愚先生，抒发胸中的愤懑，求解国家强盛的症结。刘古愚先生是关中经的领袖，思想激进，当时有南康（有为）北刘（古愚）之誉。戊戌政变失败后，刘古愚曾经写文章遥祭六君子，在社会上引起强烈反响。当地政府将刘先生列入黑名单，派专人时时对其侦查监视，一些读书人都明哲保身，不敢和他接触。看到一个年轻人跑来和自己讨论时政，刘先生很惊异，情不自禁地问："你怎么在这个时候来看我？"于右任坦然地说："正因为是这个时候，我才来拜访先生。"刘古愚听了很受感动，留他住下，待之甚优，每有所问，悉心指导。所以，在这种思想的指导下，于右任写这封"大逆不道"的信，也是很好理解的。

对于右任形成力图变革，打破旧世界政治观点影响最大的，当推三原朱佛光（先照）。朱佛光是当时陕西提倡新学最力而又最彻底的人。专治小学，兼治经学,后来又从自然科学入手研究西学,写文章也是一等好手。他是明朝秦愍王朱樉的后裔,具有强烈的反清思想。所以,他讲起学来,每每推崇顾炎武、王夫之等人的思想,借古讽今,宣传变革。朱先生还与孙芷沅在陕西发起成立天足会,反对妇女缠脚,又创设"励志学斋",集资购买新书,以开风气。所以,朱佛光是于右任确立革命思想的启蒙者之一。

于右任作品

第四节

因言获罪

1903 年，于右任二十五岁，他被聘任商州中学堂监督（校长）。这一年，于右任以第十八名的成绩考中举人。

二十五岁中举，于右任却丝毫没有步入仕途的想法，他早已经对烂透的清政府不抱希望。这一时期的于右任，既富于民族的义愤，又具有强烈的求知欲，与辛亥革命前其他许多革命党人一样，经历了"反清——改良——革命"这一摸索过程，遭受迫害之后，献身革命的意志才最终确立。

1904 年，于右任以《兴平咏古》及其作品刻于三原，书名《半哭半笑楼诗草》。于右任有一位好友孟益民，曾由陕西学政衙门派往上海学习铅印和石印等印刷、制版技术，学成之后，返回三原，在官印书局印刷厂任厂长。孟益民受新思想影响，很爱读于右任的诗，平日搜集了很多于右任的诗作。在他的协助下，于右任将百余首诗编印成册，题名为《半哭半笑楼诗草》。诗集首页印有于右任赤裸上身、披头散发的全身照片，旁题对联为"换太平以颈血，爱自由如发妻"，字里行间充满着强烈的爱国激情和反抗精神。其中包括1902年所作的《杨妃墓》一诗："误国谁哀窈窕身，唐惩祸首岂无因。女权滥用千载戒，香粉不应再误人。"暗指当今西太后专权误国。诗集一出，风行一时，反响强烈。

很快，清政府三原县令德锐看到了此书，认为大逆不道，觉此诗借古讽今，指桑骂槐，直指慈禧太后。德锐向陕甘总督升允告密，升允再向西太后密奏，慈禧下旨升允缉捕于右任，就地处决。整件事情都处在秘密操作之中，于右任大祸临头。如果不是接下来的阴差阳错，于右任是难逃被杀害的厄运的。主要原因是因电报和驿站发生问题，下令就地处死于右任的密折没有及时送到陕西。密折不见，陕西当局不便提前动手。就在陕西地方官正在等待密折的时候，于右任离开了陕西。此时的于右任并不在三原，而是正在前往开封参加考试的途中，丝毫不知道就要大祸临头。光绪三十年(1904)的甲辰恩科会试，是中国历史上最后一次科举考试。由于庚子之变时八国联军对京城的破坏，加上"公车上书"的影响，这次会试改在河南开封举行。于右任带了一名老仆，风餐露宿，出潼关，走洛阳，到开封去应试。

危急之时，三原县药材商李雨田先生从朋友处无意中得知政府要缉拿于右任的消息。李雨田的儿子与于右任是同学，其人也是一个古道侠肠的正义之人。知道这个消息后，李先生不惧株连之祸，毅然将此事告诉了于右任的父亲于宝文。于右任的父亲听说后，吓得半天说不出话来。平静下来后，他与李雨田紧急商议，火速雇用了一名老成持重并且认识于右任的"快腿"，拿着亲笔信，日夜兼程赶往开封。同时，于宝文也带着家人离家避难，免遭株连。这名腿快的"邮差"接了任务，紧赶慢赶，只用了七天就到了开封城。可是他不知道于右任究竟住在哪个客栈里，而开封那么大，茫茫人海，何处寻觅？又不能到处去问，真把他急得团团转。

天无绝人之路，于右任命不该绝。就在"邮差"在大街上暗暗打听于右任的行踪之时，于右任也恰巧出门，二人竟然在街头不期而遇。原来于右任到了开封后，与同学住在小客栈里候考，心烦意乱，枯坐无聊，因而外出散步。"邮差"将于右任拉到僻静处，将事情简短叙述几句，陈说利害，并且将于父的亲笔信交给了于右任。信件只是一张薄薄的纸条，写道："哭笑楼，将上墙，虽未详，祸已藏。"看着父亲熟悉的笔迹，短短十二字，于右任知道是自己出版的"反诗"引来了杀身之祸。按照家中商量好的计策，是让于右任到李雨田所在禹州的一家商号去躲避。于右任没有遵从"邮差"带来的建议，他早已向往"志士云集，议论风发"的上海，如今事已至此，何不到上海走走，或许能见到心仪甚久的革命党人。于是，他急忙赶回客栈，雇了一辆骡车，独自一人由南门出城直奔许昌。

就在于右任离开客栈不到半天时间，缉拿他的捕快就追到了客栈。搜寻无果，这群人就把于右任的几个应试的同学和陪伴的老仆吴德抓去，然后上报交差。没几天，消息传到三原，说是于右任已被缉捕归案，斩首于西安菜市。有人劝房氏离家躲避，房氏却说："既然伯循已死，我复何所恋？母子同死，我亦甘心。"她还托人去西安收于右任的骨骸，并嘱咐："如伯循骨骸运回时，我已身死，可同葬其母墓中。"又过了两天，真正的消息才传来，家人才知道于右任虽然不知所踪，但已经逃出。房氏闻听此言，大喜过望，赶紧将这好消息告诉了于右任的妻子高仲林，让她安心。

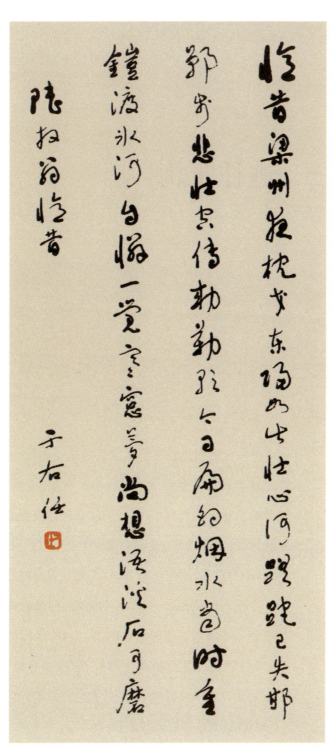

忆昔凉州驻枕戈 东征虽死壮心何 艳艳已失郡 郭空悲壮志传勒勒歌 今日扇风烟水尚思峨 镜波水河自悔一觉之寇梦尚想澄波石可磨 随翁临昔

于右任

于右任作品

第五节

逃往上海

于右任之所以没有听从家人的建议去禹州躲藏，转赴民主意识较浓的上海，他在《牧羊儿自述》中做了坦率而又诚挚的自我解剖："我小时，三伯父曾经叫我到香港读书，以家计困难，未能成行。及闻上海志士云集，议论风发，我蛰居西北，不得奋飞，书空咄咄，向往尤殷。我此时心目中，常悬着一个至善的境地，一桩至大的事业，但是东奔西突，终于找不到一条路径。平时所读的书，如《礼运》，如《西铭》，如《明夷待访录》，甚至如谭复生《仁学》，都有他们理想的境界。又其时新译的哲学书渐多，我也常常购读，想于其中求一个圆满的人生观。但书是书，我是我，终不能打成一片，奠定我的基石，解除我内心的烦闷。"

于右任离开开封，一路奔向上海，沿途遇到盘问时，就以同学的名字应对，居然混过了一关又一关。到了许昌后，他坐上京汉铁路的火车，打扮成司炉工的模样，"短衣散发"，坐在火车头的煤堆旁。到了汉口后，得到友人枝宗（满族）的帮助，乘轮船东下，抵达南京。于右任潜行登岸，遥拜明孝陵，写下了著名的《孝陵》一诗：

> 虎口余生亦自矜，天留铁汉卜将兴。
>
> 短衣散发三千里，亡命南来哭孝陵。

于右任一生忧国忧民，终其一生为国家的统一奔走呼号，这首诗也是后来于右任书法中反复出现的一首。最后一句，他借歌哭明孝陵表现出他反清的决心。明代在清代之前，是最后一个由汉族统治的政权，坐落于南京紫金山麓的明孝陵，自然也成为于右任等革命党人心灵的寄托地。

离开南京，于右任坐轮船到了上海，在十六铺码头上岸后，住进了法租界三茅阁桥附近的一家小客栈里，这一年于右任二十六岁。正是在上海，于右任正式开始了反抗清廷的革命生涯，从此，他就很少回到家中，与妻子也聚少离多。此时的于右任和妻子高仲林结婚已六年，育有一女，名叫于芝秀。

高仲林比于右任小两岁，1898 年与于右任结婚。高仲林性格开朗，贤良淑德，素为于右任所尊重。1904 年于右任由开封逃往上海后，高仲林在三原家里奉老育幼，任劳任怨，除一度随于右任在上海、南京居住过一段时间外，两人离多聚少，独自在陕西一住数十年。

虽然长期分离，但伉俪情深，于右任早年所穿的青鞋、白袜、布衫、衣裤，多为高仲林一针一线亲手缝制。于右任被迫去台湾后，将于夫人早年为他缝制的布袜鞋子携带身边，视若珍宝，经常摩挲而不舍得用，以解思念之苦。于右任在台湾去世后，其家人收检其遗物时，在其箱子底下还发现了高仲林为其缝制的衣物和鞋子,这是他舍不得穿,珍藏了一辈子的珍贵物品。

1949 年 11 月下旬,于右任得知发妻和女仍在重庆等他,于是从台北飞到了重庆。可是妻女儿因等不到他,几日前去了成都。在重庆,于右任一直设法与妻子取得联系,但没有成功。11 月 29 日,在解放军攻城的炮声越来越紧的形势下,于右任在身边随从劝说下,不得不乘飞机又去台湾。

在台湾期间,于右任苦等时局的变化,希望有生之年可以返回故乡,能见到自己的结发妻子高仲林以及长女于芝秀等亲人。他在《思念内子高仲林》中写道:

> 梦饶关西旧战场,迂回大队过咸阳。
> 白头夫妇白头泪,亲见阿婆作艳装。

1958 年,正是于右任与高仲林金婚之年,但本应隆重庆祝的一对夫妇,却被横亘的海峡所阻隔。当时,由于两岸信息隔断,老伴在大陆的生活到底如何,他根本无处知晓。久为思念所苦的于右任,只好从箱中取出夫人高仲林早年为他亲手缝制的布鞋布袜,抚视良久,写下了《忆内子高仲林》一诗:

> 两戒河山一支箫,凄风吹断咸阳桥。
> 白头夫妇白头泪,留待金婚第一宵。

1961 年,是高仲林女士八十大寿,这样的重要时刻,于右任仍旧不能陪在妻子身边,他在苦闷中给香港的朋友吴季玉写了封信,倾诉衷肠。在吴季玉、章士钊的奔走下,这个消息被周恩来得知。周恩来亲自安排,以高仲林的女婿屈武的名义,集合了于右任在大陆的其他亲属,以及老朋友孙蔚如、茹欲立等二十余人,在西安为于夫人举行了寿宴。寿宴办得圆满热闹,高仲林非常高兴,她想写信告诉于右任这一消息，又怕被台湾当局知道，给于右任带来不好的影响。正在她犹豫不决之际，他们夫妇的挚友邵力子给她出主意，在信中将周恩来的名号换为"莲溪先生"。因为宋代《爱莲说》的作者周敦颐也姓周，有一号为"莲花"，这样就等于隐晦地告诉于右任，自己的寿宴，是得到了周恩来的关怀并在其亲自帮助下才办成的。

于右任去台湾后，高仲林和长女于芝秀留在了西安，住在南门里的书院门五十二号。如今，这里改建成于右任故居纪念馆。据于右任的侄孙女于媛介绍，高老夫人居住在这里时，总是坐在大宅门左边的青石墩上，把头扭向西边张望。于媛问，婆你看啥呢，高仲林就说，你大爷到很远的地方去了，过几天就回来了。可惜的是，老太太最终也没有等到丈夫回来。1972年，年逾九旬的高仲林在这座老宅里去世。此时，于右任已在台湾离世多年了。

于右任作品

第六节

入读震旦

　　于右任到上海后，身上的盘缠所剩无几，口袋里只剩下四块龙洋。他在小客栈里尽量节省，每顿只吃两个馒头，喝点开水，这样度过了漫长的一个月。幸好，在他弹尽粮绝之际，得到了陕西泾阳同乡吴仲祺的帮助，吴邀请于右任去他家居住，待之如上宾。

　　正是在吴仲祺家居住时，于右任开始结识了许多人物。吴仲祺在社会上人脉很广，与他相识的有商贾人士，有饱学之士，有新派人物，也有革命党人。通过吴仲祺，大家对这位逃亡上海、来自陕西的年轻人感到很新奇，交往结识之后，却都被他的革命思想和革命意志所震动。其中，有一个叫雷祝三的人，也是陕西人，肄业震旦学院。他把于右任在沪的情形告诉震旦学院监院(校长)马相伯先生。

马先生此前已经从报章中知道于右任因反诗亡命之事,对他的才华和胆识也有了解。经雷祝三介绍,得知这位青年举人就在上海,并且寄住朋友家,他马上派雷祝三前去说明,打算召于右任入震旦学院就读。于右任听说后,非常高兴,跟着雷祝三搬出了吴家。来到震旦学院后,马先生知道于右任经济困难,在上海也举目无亲,就免去了他的学费和饭费。还担心他刚来吃不惯南方的伙食,每隔些时日,就叫食堂特做一些面食邀他一道进餐。考虑到他是个通缉犯,仍然被朝廷追捕,马先生以"刘学裕"化名为于右任登录学籍。

两个多月前,于右任还是朝廷追捕的案犯,如今却进入震旦学院学习,并得到校长如此的照顾,于右任感动异常。他曾经问过马先生原因,马校长笑着对于右任说:"余以国民一分子之义务,为子作东道主矣!"从此,于右任一生师事马相伯,自称"受业"之徒,尊马相伯先生为"夫子",因缘实由于此。

这位马相伯先生,是中国第一所私立大学震旦学院的创始人,在中国民主革命时期颇享盛名,特别是在"九·一八"事变后,他已九十二岁高龄,犹奋起倡言抗日,被誉为爱国老人。于右任在1939年11月26日亲自撰写的

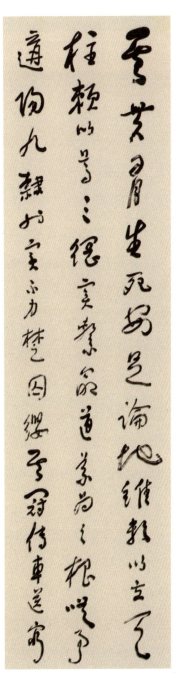

于右任作品

祭文中有"嗟师之生,忧患百年。罗胸武库,握手空拳。报国之心,托于造士。笃志殚精,忘其暮齿"等句,对马先生做了高度的评价。

马相伯生于1840年,十二岁时从家乡镇江只身到上海,入法国天主教会所办依纳爵公学(今徐汇中学)学习,后在耶稣会大学院取得神学博士学位,传教于宁国、徐州一带,后因对教会不满,退出教会,走入仕途,曾经追随李鸿章达二十年之久。在担任李鸿章幕僚期间,他到过日本、朝鲜、美、英、法和意大利等国。海外游历时,马相伯参观考察了国外一些大学,深知"自强之道,以作育人才为本,求才之道,尤宜以设立学堂为先"的道理,因而在1900年将其青浦、松江良田三千亩,捐献给耶稣会办学。为了建校,马相伯几乎将家产全部变卖,震旦学院终于在1903年3月1日正式开学。"震旦"两字系梵文中国的称谓,亦具有"东方旦明"的含义。在学校里,马相伯任监院(校长),其余干事均由同学轮流担任。中国第一所私立大学诞生了。

马相伯办学非常开明,学校几乎全部由学生们自己管理。震旦学院创办时,一无校舍,二无师资,借徐家汇老天文台的几间屋舍作为校舍,教师则请耶稣会的传教士兼课。马相伯虽是个虔诚的天主教徒,但为了使学校能真正成为为祖国培养人才的高等学堂,他订下了"宗教离开课堂"的规章。他提出了办学三条原则:一、崇尚科学;二、注重文艺;三、不谈教理。所谓"崇尚科学",就是要使学生重视对近代科学的学习,以科学的态度来研究学问;所谓"注重文艺",就是要求学生对包括人文科学在内的社会科学予以重视,不断丰富自己的知识贮藏;至于"不谈教理",则是针对教会而言,是为了防范和抵制外国教会对学校的控制。马相伯还相当重视对学生的爱国教育,并在学校推行军训制度,正是由于这些科学和开明的措施,学校建立后,在上海地区引起强烈反响,声名远播。

于右任进了震旦之后,沉默寡言,不事交际,一味学习,很得马相伯的器重和赏识。在震旦期间,他还结识了邵力子、叶仲裕和金怀秋等人,与他们的交往比较多。

第三章

报业先驱

BAOYE XIANQU

百年匠心

1905 年至 1911 年期间，革命党人曾在上海租界出版过十五种以刊载时事政治为主的综合性报刊。这些报刊中以于右任创办的《神州日报》和"竖三民"影响最大。所谓"竖三民"，即：《民呼日报》《民吁日报》《民立报》。因三报报名首字均为"民"，且"一脉相承，故简称"竖三民"。

第一节

创办复旦

1905年，于右任到上海的第二年，他所在的震旦学院发生了"震旦学潮"事件。1905年阴历二月二日，新学期刚开始，部分早就不满马相伯办学宗旨的外籍教师开始发难，他们仗着有耶稣会的背景，在学校挑起事端，要学生呈验缴费单，并裁去英语课，强迫学生学习法文。除此之外，外籍教师还要求取消学生管理学校的规定，强制马相伯入医院"养病"，由耶稣会神甫南从周总揽学院管理权。部分学生不满，以退学作为威胁，希望学校恢复到之前的管理。交涉无果，退学的学生越来越多，他们推举叶仲裕、于右任、邵力子、王侃叔、沈步洲、张轶欧、叶藻庭七人为干事，商议复学办法。

事情发生后，马相伯非常支持学生和七干事的工作。虽然震旦学院本为他亲手创办，但他为了抵制教会对学校和中国教育的控制，毅然决定重新开始。他邀集热心教育事业的严复、曾少卿、熊希龄、张謇等二十八人为校董，募集建校资金，共襄其事。消息传出后，他的旧相识、曾经一起在李鸿章处共事的周馥已升任两江总督，上海是他管辖之地，当即拨款一万两充作开办费，并借吴淞提镇行辕衙为临时校址。至于校名，鉴于南从周等人盗用"震旦"旧名登报招生，马相伯采纳了于右任的建议，从《卿云歌》中撷取"复旦"两字为校名，表示不忘"震旦"之旧，更含恢复中华之意。是年中秋节，复旦公学在吴淞开学，马相伯为监督（校长），聘请李登辉为教务长，于右任则作为马相伯先生的书记（秘书）兼授国文，共同创建新校。新学校在报纸上发文，声明与旧的震旦学院再无任何关系，学校教师全部为中国人担任，学校行政工作也再无外国神甫，以示对抗。

复旦创立后，气象为之一新。学校继续沿袭之前的讲科学、求新学的原则，大力引进欧美最新的科学知识，师生思想空前活跃，校内经常举办各种研讨会、学习会，学生们也开始走出校门，走上社会，积极参加社会活动，宣传和支持人民群众的爱国运动。很短时间内，复旦就在上海市民心中奠定了极高声誉。

复旦老校友常说："写复旦不能不写与复旦有关的三个人，这三个人对于复旦的产生与光大，有莫大关系，没有这三位先生，可以说没有复旦。""第一位是马相伯先生，第二位是于右任先生，第三位是李登辉先生。""于右任先生对复旦，可谓五十年中精神贯注者。同学会老同学中有一句笑话，说于先生是复旦的孝子，于先生听了，揪着长胡子，深以为然。五十年来，从复旦创立到胜利复员，学校到了任何危险关头，于先生无不挺身而出。"

辛亥革命时，复旦吴淞校舍被李燮和的光复军据为司令部，不得已复旦暂迁无锡惠山李汉章公祠上课。等到无锡光复后，学校校舍被占，学生流失，李登辉教务长亦离开复旦去中华书局任职，复旦已名存实亡。当时于右任被南京临时政府委任为交通部次长，因总长汤寿潜未到任，于代理部务。复旦校友找到他，希望他能够利用在南京临时政府中的地位，恢复复旦。于右任上书临时政府教育部，请临时政府帮助复旦复校。教育总长蔡元培接到报告后，非常重视此事，当即批示："呈悉，该校开办以来，一切课程，悉仿欧美，历届毕业，成绩尚著，自应准予立案。至所请移咨江苏都督拨借校舍一切，业既如呈办理矣。"还决定拨款一万元作为复旦复校的经费。当时复旦的校舍仍然被军队所占，于右任建议复旦先行在校外租赁房屋为临时校舍，挂牌招生，争取社会的同情。他还联合马相伯、邵力子等人，与占据学校的军队交涉，终于在1912年9月，复旦师生在徐家汇李公祠复校。

1941年，复旦又遭遇了一次危机，这次，还是于右任及时伸出援手。"九•一八"事变后，由于复旦师生不满蒋介石政府的政策，师生五次赴南京请愿，惹得蒋介石政府大为恼火。政府一是迫使支持学生运动的李登辉老校长去职，二是计划将复旦搬出上海，迁至无锡，利于控制。后因抗日战争爆发而未果。其后，复旦先迁至庐山，后芜湖失守，九江危急，再迁重庆。是时，复旦经济极度困难，学生大半来自沦陷区，不仅不能缴学费，还需学校加以救济，这对于一所无基金会或财团支持的私立大学而言，是绝对无法承受的。因此，国民政府教育部趁复旦经济不支之际，拟将复旦与江苏医学院合并，改为国立，更名为"江苏大学"，把复旦扼杀于无形之中。消息透露出来，复旦师生一致反对，坚决要求保留具有光荣革命传统的"复旦"校名。于右任为国民政府中居官最高的校友，亦支持复旦师生的要求。他多方奔走，在当局和复旦校董之间，为保持复旦而频繁活动。1941年9月17日，他在重庆嘉陵宾馆亲自召开在渝复旦校董会议，详细讨论了复旦改为国立的条件和保留校名的问题，获得校董们的一致赞同。于右任为了确保此事促成，他还在会议上亲自面对蒋介石。当时，蒋介石兼行政院院长，在一次重要会议上，蒋亲自出席并主持会议，还邀请各院院长参加，于右任时任监察院院长，出席会议。当原定议程讨论完毕后，于右任立即站起来，将本不在议程之内的复旦大学改为国立一事，提议与会者讨论表决。蒋介石原本是不同意的,但事发突然,又碍于情面,不能直接得罪于右任,只好将此事通过。复旦改为国立保留校名一事,就这样定了下来。1941 年 11 月 29 日,国民政府主席林森、行政院长蒋中、教育部长陈立夫联名发布命令:私立复旦大学改为国立。再一次挽救了复旦的于右任还亲自手书"国立复旦大学"六个大字,作为复旦大学的校名。

　　除参与创办了复旦以外,于右任在上海还创办了中国公学和上海大学。这也是他重要的社会活动和教育成果。当时,《警世钟》《猛回头》作者陈天华在日本投海自杀,以死激励同志,誓死救国。在日留学生相继回国,其中以回到上海的留学生最多。为了收容这批回国的留学生,于右任发起创办中国公学。学校设在吴淞炮台,与复旦近在咫尺,"两校同人,相处密迩,哀时念乱,志事相同,而余复以复旦学生兼中国公学国文讲席,师生切劘,关系益切"。中国公学培养了许多献身我国民主革命的志士,如黄花岗七十二烈士中,有饶辅庭、饶国栋等五人是中国公学的学生,参加徐锡麟安庆起义的马宗汉,也是中国公学的学生。此外,如胡适等人,也出身于中国公学。

1922 年 10 月份,于右任与邵力子等人一起创办了上海大学。于右任被推为上海大学校长。这所学校,在大革命时期的上海起过重要的作用,许多著名的共产党人如瞿秋白、蔡和森、邓中夏、恽代英、沈雁冰、杨贤江、萧楚女、张太雷等均在该校任职任教,不仅培养了大批的共

胡适与于右任相见甚欢

产主义优秀战士,为中国的新民主主义革命座出了贡献,而且还创造性地对无产阶级的教育制度进行了探索,在中国现代教育史上占有重要的地位。

于右任作品

第二节

神州日报

1905 年 8 月,孙中山领导的同盟会在日本东京成立,11
月 26 日,同盟会的机关报《民报》在东京问世,孙中山在该
报首次提出"民族""民权""民生"三大主义。同盟会成立
后,革命党人逐渐将宣传重心由海外移向国内。上海由于有
较好的革命基础和出版印刷条件,加上又有租界可缓冲,成
为这一时期革命报刊活动中心。1905 年至 1911 年期间,革
命党人曾在上海租界出版过十五种以刊载时事政治为主的
综合性报刊,这些报刊中以于右任创办的《神州日报》和"竖
三民"影响最大。所谓"竖三民",即:《民呼日报》《民吁日报》
《民立报》,因三报报名首字均为"民",且一脉相承,故简称
"竖三民"。

于右任办报纸，最初完全是因为找不到能够刊发他文章的地方，才想自己办一份能够真正为革命鼓与呼的报纸。他在复旦任职时，由于中外反动势力的压迫及其他原因，上海出版的《苏报》《国民日日报》《警钟日报》等进步报刊相继停刊。不愿意待在校园内的于右任，此时有了自己办一份报纸的想法，他与震旦学院学友叶仲裕商议，创办《神州日报》。可是办报纸，第一要有资金，第二要有人才，第三要有经验，缺一不可。为了募集资金和学习办报的经验，于右任东赴日本，考察报业，同时求助于留日的革命志士。1906年9月，于右任到达日本东京。经陕西留日学生康宝忠的引荐，于右任第一次见到并结识了正在日本从事革命活动的孙中山先生。两人交谈中，孙中山亦以平均地权及其实际进行步骤向于右任阐述，于以此加深了对革命事业的信心。不久，经胡汉民、康宝忠的介绍，于右任加入了同盟会。从此，于右任一生追随孙中山先生和他领导的革命事业。

在日期间，经于右任积极努力，留日学生为《神州日报》募集股金三万余银圆。于右任还参观了《朝日新闻》等一些报馆，学习到先进的办报经验。在返回祖国之时，旅日同盟会会员杨笃生愿随于右任回国创办《神州日报》。至此，有了经费、人员和经验，于右任终于可以回到上海大展拳脚。1907年2月，于右任决定回国。行前，孙中山任命于右任为长江大都督，并勉励他要以《神州日报》为基地，联系东南八省革命党人，积极开展反清革命活动。

1907年4月2日，革命党人在上海英租界四马路主办的第一份现代化大型日报——《神州日报》正式创刊发行。报名源于社长于右任"以祖宗缔造之艰难和历史遗产之丰富，唤起中华民族之祖国思想""激发潜伏的民族意识"的宗旨。社址设在四马路老巡捕房对过群益社书店楼上，报头是请南通实业巨子、清末状元张謇题写。报上的纪元不用清帝年号，改用干支纪年，实际上是否认清朝的统治，尤其是它的报名，就隐含有反清的思想，给读者留下了深刻的印象。创刊时，为了提高民族自尊心，他们在发刊词中，极力弘扬中国的历史文化，冀以振奋人心。《神州日报》有大小六十多个栏目，其中《学界新闻》专以培养学力、提倡体育为主，尤为青年学子欢迎。还有短评《半哭半笑》《时事小言》和《神州诗话》《词林》等栏目，也深受读者欢迎。每天发稿量两万字至两万五千字。

当时，上海各报多主张"君主立宪"。对于种族革命，各报慑于清廷淫威及《苏报》《警钟日报》的覆辙，抱明哲保身主义。《神州日报》创刊后，对这种新闻界的流弊，不客气地指出了四点：一是无的放矢，黑白不分；二是传播谣言，不尚实际；三是铺张琐闻，虚占篇幅；四是党同伐异，私而忘公，给当时的上海舆论界以振聋发聩的猛喝。《神州日报》以身作则，不畏强暴，以"有闻必录"为宗旨，大量报道革命党人在钦廉、黄冈、惠州七女湖等地武装起义的消息，乃至以"照录"革命党人"供词"和公布"缴获革命党文件"为由，全文刊登同盟会纲领和宣传三民主义思想的文章。当秋瑾女侠被清廷爪牙杀害不久，《神州日报》刊载专门社论，斥责主凶、绍兴知府贵福为"嗜杀仇新""欺罔害民"的"国人

于右任作品

之蟊贼"。《神州日报》无情地揭露和抨击清廷的腐败,仅在1907年5月就发表了《上端午帅请改良监狱书》《扶风惨案》《政界之滑稽》等多篇评述和报道。对清廷的假立宪,《神州日报》也曾载文揭露其虚伪性。对帝国主义列强的侵华活动,《神州日报》不时有报道予以揭露,如:《日本关东洲行政近闻》《俄入设置黑龙江舰队之计划》《列强对华政策》等等。

作为主持人的于右任,经常在《神州日报》发表感情炽烈、文辞丰腴的评论和诗词。《神州日报》创刊后,打破了上海的沉闷,受到读者欢迎,发行量在很短时间超过万份,成为当时上海地区最畅销的报纸之一。

正在《神州日报》迅速发展之际,一场火灾毁掉了于右任的心血。报纸发行一年后,报社隔壁的广益书局失火,连带烧掉了《神州日报》报馆。灾后,《神州日报》虽然又维持了一段时间,但因内部不和,导致于右任辞职。于右任在《神州日报》,从创刊到辞职,史称此段为《神州日报》的"于右任时期",也是该报的黄金时期。尔后,该报主持人几易其人,加上受时局影响,报纸质量下降,虽然一直坚持到1916年,但影响无法与之前相比。

第三节

为民呼吁

　　于右任离开《神州日报》后，再次发起筹办新报。他的坚持赢得了当时社会名流的赞许，在上海经商的浙江富商柏筱鱼、沈缦云、张静江慷慨解囊，资助于右任的义举，最终，共筹股六万元。就在于右任筹备新报的时候，陕西老家捎来口信，他的父亲于宝文病危。于右任只好放下手里的工作，乔装打扮，返乡探亲。他乘船到汉口，再转火车到郑州，坐上骡车赶赴西安。

　　自从因出版诗集惹祸逃亡上海后，于右任已经四年没有回家，他思念家乡的山水，想念家里的亲人，尤其是自己的父亲。想到不能在父亲身前尽孝，自己还是一介戴罪之身，于右任在郑州写下诗二首，曰《郑州感旧题壁》：

一

钩党声消事已陈，余生再到话悲辛。

穷途仆御为知己，客路梅花亦故人。

重叠云山连梓里，零丁涕泪累衰亲。

鸡鸣雪霁长征感，迟暮于郎负此身。

二

亡命重来认旧踪，人歌人哭两相逢。

曾收断骨埋殇马，更祝中原起卧龙。

岁晚关前三日雪，月明笛外一声钟。

百年事业吾谁与？师友乾坤卖菜佣。

　　诗中"卖菜佣"一句，是因为当时于右任尚未蓄须，为了躲开沿途官府的盘查，化装成菜贩子，身着农民穿的黑色棉袄棉裤，操着一口陕西方言，沿途倒也顺利。到达三原城时，于右任深夜入城，探望了病重的父亲，父子二人相见，感慨良多。为了于右任的安全，虽然于宝文很想多和儿子相聚一段时间，但他知道于右任在家多待一天，就多一分危险。儿子此时在上海干大事，不能把父子私情置于家国之上，因此，于宝文第二天就让于右任离家返沪。于右任泣别父亲，返回上海。

　　由于回陕省亲，《民呼日报》创刊推迟了几个月。1909 年 5 月 15 日，于右任任社长、陈飞卿任总主笔的《民呼日报》在上海山东路望平街一五六号宣告出版。发行前的 5 月 5 日，该报在上海各报刊刊出《特别广告》："一、本报实行大声疾呼为民请命之宗旨；二、本报为纯全社会之事业，所有办法，是系完全股份公司，不受官款，不收外股，故对于内政外交皆力持正论，无所瞻徇；三、本报编辑总目，凡分三大部，曰言论之部，曰纪事之部，曰丛录之部，其余各子目凡二十余，如外论、佚史、吉光片羽录、陆沉小识诸门，其特色皆为本报所独有；四、本报又欲引起国人世界观念,于世界各国各港新发生之重要事件专电译文登载独多……"《民呼日报》还在创刊号的头版头条的社论说明办报的宗旨:"民呼日报为何而出现哉?记者曰:民呼日报者,黄帝子孙人权宣言也。有世界而后有人民,有人民而后有政府;政府有保护人民之责,人民亦有监督政府之权。政府而不能保护其人民,则政府之资格失;人民不能监督其政府者,则人民之权利亡。"

《民呼日报》创刊后,秉持于右任犀利的办报作风,批评时政之得失、官僚之腐败,宣扬人民权利。于右任本人也经常在报纸上发表文章,直面社会,为民生、为民权大声疾呼。5月18日,于右任以"大风"为笔名,在《民呼日报》发表了他的第一首白话诗:"一个锭,几个命,民为轻,官为重。"讽刺腐败官僚,抨击当时的政府。对于新闻界的恶习,某些报纸"作达宦之机关,为他人之奴隶"的谄媚之态,于右任也进行斥责,公开斗争。在揭露清吏腐败的报道和评述中,《民呼日报》还将矛头对准陕甘总督升允,指他连年匿灾不

于右任作品

报、田赋不免，造成赤地千里人相食的罪行。于右任还邀集旅沪陕甘同乡领袖刘定荣、李岳瑞等人，组成甘肃赈灾公所，在《民呼日报》辟专栏，发起募捐救济灾民活动，开创我国报纸参与社会赈济工作的先例。

这些行为，触发了陕省大吏的忌恨。很短时间内，由于《民呼日报》放论敢言，销路日增，上海旧派报纸视之为眼中钉，公然在报端恶语诋毁。于是，官吏和某些报纸，合谋陷害于右任，欲除之而后快。陕甘总督毛庆藩发电给上海道台蔡乃煌，诬告于右任侵吞赈灾专款，命令当地官府封禁《民呼日报》。欲加之罪何患无辞，8月2日晚，于右任、陈飞卿二人因"莫须有"之罪，被拘至巡捕房。二人被捕后，那些被《民呼日报》指责过的清吏，如安徽铁路公司候补道台朱云锦、已故上海道台蔡均的亲属蔡国桢、新军协统陈德龙等，彼此串通和授意，群起而攻之，一时控告《民呼日报》"诽谤罪"的就多达十四起，造成轰动中外的"民呼报案"。

案件由租界会审公廨受理，连续研讯讼案十四次，于右任因此被羁巡捕房整整一个月。8月13日，《民呼日报》以《民呼日报与于右任之生死》为题发表社论说："本报主笔于右任，横受飞诬，身囚囹圄审到稽迟。酷暑炎天，死生难测。加以官家痛恨本报已入骨髓，大有不与并存之势，故其最后之对待，必以本报存亡为唯一之目的。近复冒言无讳，谓民呼不停，右任万不能释。推其用心，一若死，一于右任，封一民呼报，彼官家即可高枕无忧者。"8月14日，《民呼日报》发表《停刊声明》："同人审时度势，报纸一日不停，讼案一日不了。加以酷暑如焚，总理于右任被系狱中，备受苦楚，同人委曲求全，不得不重违于君之意，已招由开明日报馆经理，所由本馆经手事件及账项等类，统由于君出狱，自行清结。特此声明。"同日又刊登《与读者告别书》。至此，坚持"为民请命"的《民呼日报》，只发行九十二天就被迫停刊。

虽然报纸被迫停刊，但在狱中的于右任坚持斗争，绝不低头。由于没有证据，社会上对此案舆情汹汹，加之报纸已经宣布停办，9月8日，理屈词穷、灰头土脸的公共租界会审公廨最后糊涂判结："民呼日报不安本分，叠被控发。公堂念系初犯，姑予以从轻议结。于右任已在押一月零七天，无须再行押办，判逐出租界。……嗣后如有借开报馆，不安本分，凭空毁诋，叠被控发情事，定当重办，不得仍援民呼之案为例。"

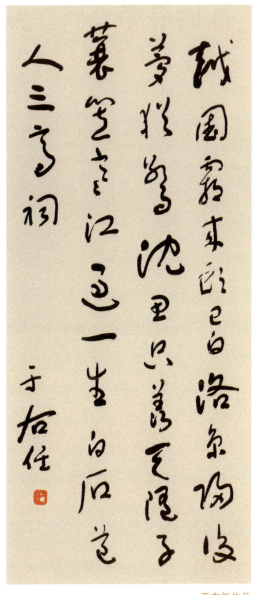

于右任作品

第四节

幕后斗争

遭受陷害的于右任,在《民呼日报》被迫关闭后,仍然继续坚持办报。由于被会审公廨驱逐出英租界,他失去了租借的掩护,不便自己出面办报。于右任请朱少屏担任发行人,范鸿仙为社长,于 1909 年 10 月 3 日,一份新的《民吁日报》正式发行。出报前,《民吁日报》在各大报纸上刊登《出世广告》:"本社近将民呼日报机器生财等一律过盘,改名民吁日报。以提倡国民精神,痛陈民生利病,保存国粹,讲求实学为宗旨。仍设上海望平街一六〇号内,即日出版。内容外观,均擅海内独一无二之声价。""民吁"一名,于右任的解释是:"以吁之与呼,字形相近,用以表示人民愁苦阴惨之声;而分析'吁'字,又适为'于某之口',于沉痛中,尤含有幽默的意味。"

《民吁日报》出世后，提出"宣达民情，鼓舞民气""振刷国民精神，提倡国民实力""与专横政府对抗，与强霸列强对抗"。特别以大量篇幅揭露日本帝国主义觊觎中国领土的罪行和清政府"宁赠友邦勿与家奴"丧权辱国之事。《论中国之危机》《锦齐铁路与远东和平》等社论，《买日货者看看》等报道，接连刊登。日本驻上海领事松冈看到这些文章，大为恼怒，但苦无机会发作，只得等待时机制造事端。

是年10月26日，朝鲜志士安重根在哈尔滨刺死来华游历的日人伊藤博文，也就是那位极力主张并吞朝鲜的日本前驻朝统监、当年胁迫清廷签订《马关条约》的日本前首相伊藤博文。这一大快人心的消息，却因为慑于清吏的淫威和日人的暴力，上海许多报纸不敢披露。只有《民吁日报》率先用大字标题报道，又连续发表了二十多篇评论和报道。报纸对朝鲜志士的爱国举动表示声援，同时也指出，个人暗杀活动不能根本解决问题，伊藤的死不可能改变日本军国主义既定的侵略政策，"伊藤死而满洲之风云恐更急，因日本有无数伊藤盾其后也"（《伊藤流血后之满洲》），"其死亦且无缓和中国之亡，矧后起者其政策之激烈复有甚于伊藤，此我中国外交之前途所为愈危惧者也"（中国外交危机之愈迫）。对日本帝国主义侵略亚洲的预见，可谓是一针见血。

《民吁日报》这种不畏惧权，直指日本侵略阴谋的行为，引起日本方面极大恐慌和嫉恨。日本驻沪总领事松冈多次向法国驻沪总领事施压，诬指《民吁日报》违反租借规定，法领事于11月6日取消了《民吁日报》在该处的注册。19日，公共租界会审公廨民吁日报社社长范鸿仙。当晚，报馆就被封禁。就这样，从创办到被迫停刊，《民吁日报》仅存在四十八天。《民吁日报》被封禁，引起了社会各界的强烈反响。宁苏皖赣四省学界八百余人，联名致电北京外务民政两部及苏松太道，公开抗议："上海民吁报因日领要挟，未讯先封，既失主权，复背报律，舆论哗然，乞大部速饬沪松先行启封，秉公核办。该报是否有罪？应按报律为出入,庶保国权,而伸舆论。"

在敌对势力和外国方面的压力下,于右任却越战越勇,他在沈缦云、庞青城、孙性廉、张静江等江浙巨富的资助下,1910年10月11日,于右任创办的第四种报纸——《民立报》正式发行,报社设在上海四马路望平街一六〇号。于右任亲自出任社长,吴忠信、董弼臣任经理,编撰班子除范鸿仙、景耀月等人外,又先后增加宋教仁、陈其美、徐血儿、吕志伊、马君武、章士钊、叶楚伧、张季鸾等敢于发声的报界新秀。此外,报纸还在巴黎、伦敦、华盛顿、柏林、日内瓦等一些城市聘请了专职和兼职记者。有了前几次办报的经验,于右任反帝反封建的信心在《民立报》上愈加彰显。其创刊号,鸿文巨著,美不胜收,其中尤以于右任以"骚心"为笔名、《中国万岁民立万岁》为题的《发刊辞》脍炙人口。

《民立报》除继续保持发扬《神州日报》《民呼日报》《民吁日报》等报的精神和特色外,提出"以提倡国民自立精神,培植国民独立思想,建立独立之民族和保卫独立之国家"为宗旨。特别注意报道国际局势,尤其有关各国对亚洲及中国动态,并辟《论说》专栏分析世界大事经纬,这在当时的中国报纸中可说是独具一格的。《民立报》主笔为刚从日本回国的宋教仁,他以"渔父""桃源渔父"为笔名,在《民立报》发表大量文章,揭露帝国主义列强侵略中国的危急形势,抨击清政府倒行逆施和立宪派的谬论,并用曲折的笔调阐释社会主义。他的文笔犀利,议论豪健,深受读者欢迎。

《民立报》辟有《上海春秋》专栏,于右任常撰文针砭时弊,如:"吾有大愿:吾愿上海一二年后,所有男女学堂悉变为武装国民。"(《上海之百面观》)"时事艰难,将来成惊天动地之事业在青年,遭亡国破家之惨亦在青年,敢告青年,行止坐卧莫将'祖国'二字忘却。"(《男儿须知》)这些具有启发性和鼓励性的言论,影响很大。上海市民踊跃订阅《民立报》,每天销量超过两万份,成为当时国内发行量最大的一家日报,也是当时国内影响最大的一家革命报纸。

《民立报》不仅是革命党人的宣传机关,而且革命党人赴沪联络工作、通报消息、接运弹药，均以报馆为联络中心和根据地。1911 年 4 月，孙中山发动赵声、黄兴等海内外革命党人在广州起义，宋教仁、陈其美以《民立报》记者的身份前往参加。起义第二天开始，《民立报》连续发表有关起义的报道和评论。于右任在一篇评论中兴奋地说："得此惊天动地之杀声，亦足为河山壮气。"最后，因敌我力量悬殊，起义失败，于右任连夜满怀悲愤地撰写了一篇题为《天乎……血》的短评，文中说："粤王台下血渍模糊，愁风凄雨之中，竟演此一场血战，留为维新史上之纪念物。……问革命党人之炸弹何人制造？曰：亲贵也。问革命党之手枪何人制造？曰：官吏也。问革命党之革命党何人制造？曰：政府也。一言以蔽之，革命党者，不良政治下之产儿也。吾敢断言之曰：假面政治之下，革命党万不能断，故政府以捕杀为消灭革命党之法，则万无消灭之一日，……革命党者，死党也，彼既破釜沉舟而起事，必置生死于度外。"言辞之激烈，心情之悲愤，革命之希望，尽在文中。

1913 年 3 月 20 日晚，袁世凯指使爪牙在上海火车站刺杀了时为国民党代理理事长的宋教仁，于右任是现场目睹者之一。"宋案"发生后，《民立报》率先公布袁世凯刺宋真相，斥责袁系"元凶正犯"。于右任为此发表了一系列文章和演讲，呼吁兴师讨袁。讨袁护国的"二次革命"爆发后，《民立报》还刊发孙中山的《讨袁通电》和黄兴的《誓师文告》，以示声援。袁氏政府对此十分忌恨，勾结公共租界当局，胁迫民立报馆自望平街迁至法租界三茅阁桥堍。淞沪警察厅还出示布告称《民立报》为"乱党机关报"，禁止售卖。从此，《民立报》只能在租界销售，不能到华界及外埠发行，销量锐减，渐趋困境。延至 9 月 4 日，被迫停刊。《民立报》发行三年余，共出一千零三十六号。于右任本人以"骚心"为笔名在《民立报》发表了三百多篇文章。

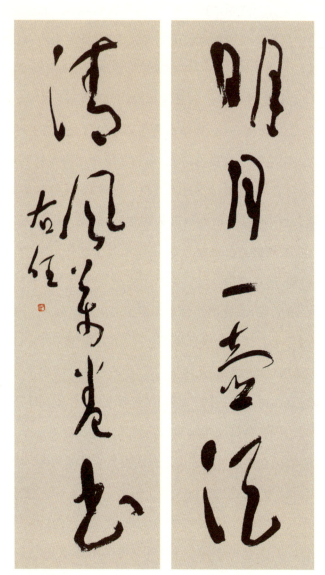

于右任作品

第五节

革命喉舌

　　1911 年 7 月 31 日,领导长江流域革命运动的同盟会中部总会在上海湖州旅沪公学成立,《民立报》的中坚于右任、宋教仁、陈其美、范鸿仙、吕志伊等人均任职其中。这个时期的民立报馆,更成为革命党人的喉舌和联系中心。此后,各省光复的《通告》《通电》及革命党人的一切消息,都是由《民立报》首先发出的。

　　1911 年 12 月 25 日,孙中山在万众企盼中,从美国返回上海,当天即接受《民立报》记者的采访,并发表对国是的看法:"武昌举师以来,即美旅欧,奔走于外交、财政二事。今归海上,得睹国内近况,从前种种困难虽幸破除,而来日大难尤甚于昔。今日非我同人持一真精神、真力量以与此困难战,则过去之辛劳将归于无效。"12 月 31 日,孙中山专门前往民立报馆看望于右任及同仁,并为该报以中英文手书"戮力同心"相赠。后又以临时大总统的名义,向民立报所有工作人员颁赠一张"旌义状"。由此也可以看出,于右任和他的《民立报》在革命事业中的重要地位。

1912 年 10 月 11 日,为《民立报》创刊两周年,黄兴专程自北京赴沪祝贺。黄在祝词中强调:"《民立报》于破坏、建设两时代,均极尽力,所持言论、态度,尤各如分际,破坏时激烈,建设时则稳健。此不独吾党所公认,则一般国民对于《民立报》,皆具有一种敬之爱之之心理。"黄在祝词中还明确支持于右任关于扩大《民立报》招股至五十万元的计划,希望革命党人"能视报纸为强国必要之元素","祝《民立报》为中国前途之师友"。

从 1907 年 4 月到 1913 年 9 月的七年间,于右任创办的《神州日报)和"竖三民",为辛亥革命的成功发挥了巨大的宣传鼓动作用,在中国近代史上留下了光辉的一页。于右任本人也因此赢得了"元老记者"的盛誉。

1940 年,于右任在《本人从前办报的经过》一文中,回顾《民立报》时代,感慨地说:那"是同盟会革命运动的急进时代,我们的任务:一面在揭发清政府之鸩毒,唤起民众;一面在研究实际问题,作建国的准备"。

1943 年 10 月,时任国民政府监察院院长的于右任,在接受《新华日报》采访部主任陆诒采访时,不愿多谈时事政治,却侃侃而谈当年的《民立报》。他说:"编辑到了晚上都在一间大屋子工作,每晚总要工作到清晨四时,才能编好稿子,上版印刷。早上五点钟印出的第一批报纸,先要供给苏州河一带的小火轮船,让他们运到苏州、杭州一带销售;六点钟以后所印的报纸供本埠发行。当时报纸中还没有专职的外勤记者,遇到重大事件须由编辑亲自去采访。平时的社会新闻和市场经济消息都是靠一般的访员供给的。《民立报》的特色就是有时刊载国外新闻专电,在美国、日本和欧洲,我们都有特派记者。记得有一天晚上,电报局信差送来一批欧洲发来的新闻电,一算电报费用要大洋六百元。从当时报馆的经济情况而论,无法偿付这笔巨款,但不付钱就拿不到电报。只好动员全报馆每个人的力量,多方设法筹措,才勉强付款。为了取得有价值的新闻,满足广大读者的需要,我们不计任何代价。……因此,我总是讲办报的人心目中要有读者,时刻不能忘记广大读者的需要和愿望。"正是在这样的办报宗旨下,"竖三民"才能在那个时代,得到读者的真心信任和欢迎,也才能具有良好的革命宣传作用。以《民吁日报》被迫停刊之日的情况说明,据上海《时报》的报道:"《民吁日报》自前日被封后,关心此案之人,连日多以悼词贴于该报门前。前晚九时,竟有燃香烛痛哭者。又城内及南市各大街口,昨前两日竟有人粘贴揭帖,痛言《民吁日报》被封无缘由及指导之人云云。"由于广大读者的不满,上海道台蔡乃煌还专为此事发布告示,内称:"《民吁日报》被封之后,又复百出其技,鼓动多人挟制本道启封。"可见《民吁日报》为民请命,深得人心。

1949 年,几位青年记者在广州与于右任邂逅,他又语重心长地告诫他们:"做一个记者,坐监挨打都是家常便饭,不过记者要有新闻道德,保持新闻道德才有公正的舆论和是非。"他还说:"新闻道德与新闻自由是相辅相成,没有新闻道德的记者,把新闻自由随便玩弄,其流弊与祸害,固不堪言。而辛苦奋斗所得之新闻自由,终不易保持。所以新闻自由今后能否保持与扩大,全恃新闻记者的新闻道德。"

1962 年 4 月 24 日(农历三月二十日),是于右任八十四岁寿诞日,台湾"邮政总局"发行了一枚"元老记者于右任"的邮票(上面有于的亲笔题字"为万世开太平"),以示崇敬。5 月 23 日,当"邮局"向他赠送这枚邮票时,他借

元老记者于右任

致答词的机会，谈了他对早年当记者最为怀念的感受："在我生活的历程当中，最使我难忘也最使我怀念的还是从事新闻记者时期，尤其是当时的记者同仁，他们有的是壮烈殉国，有的以劳瘁而早逝，而他们英勇奋斗的精神，则始终照耀着我们的新闻天地。"

毛泽东在延安接见美国记者埃德加·斯诺时谈道："……在长沙，我第一次看到报纸——《民立报》，那是一份民族革命的报纸，登载着一个名叫黄兴的湖南人领导的广州反清起义和七十二烈士殉难的消息。我深受这篇报道的感动，发现《民立报》充满了激动人心的材料。这份报纸是于右任主编的，他后来成为国民党的一个有名的领导人。"

第四章

投笔从戎

TOUBI CONGRONG

余以革命党人，非为权利名位而来，实为救国家，救桑梓，与诸同志共甘苦，同生死而来。带给大家者，非金钱，非械弹，乃一腔热诚，与中山先生革命精神。此种精神为革命党人无价瑰宝，一切均不足比拟，只要大家确切认识，笃实践履，则革命必成，强权必败，区区陕乱，不足平也。

——于右任

第一节

代理部长

1911 年 10 月 1 日武昌起义爆发时，正在美国筹募革命经费的孙中山从报纸上获悉消息，他非常兴奋和激动，马上坐轮船辗转归国。12 月 25 日，孙中山到了上海。12 月 29 日，各省代表在南京开会，由于孙中山为革命做出了巨大的贡献，在革命党人和全国人民心中享有崇高的威望，在已独立的十七省中，以十六票的绝对多数选举孙中山临时大总统。12 月 31 日，黄兴自南京来电，敦请孙中山赴南京就职，电报由于右任转呈的。于右任当即前往法租界宝昌路四〇八号孙中山寓所，商谈翌日赴南京的启程准备工作，至深夜始返。凌晨，又赶往报社安排一切，然后再赴孙中山寓所准备启程。

1912年元月1日,新年第一天,孙中山与胡汉民、陈少白、于右任、陈英士以及日本友人山田良政等一行,乘坐火车从上海赶赴南京。沿途五色旗飘扬,街头民众争睹大总统的丰采,道路为之阻塞。火车经过苏州、无锡、常州和镇江等各大站时,到车站迎送的代表数以千计,"共和国万岁"的口号声响彻云霄。下午五时,火车抵达南京下关。于右任始终随侍在孙中山身旁。晚上十时,在江苏省谘议局举行临时大总统就职典礼,孙中山发表了《临时大总统就职宣言》,宣告"中华民国"成立,并提出当前的任务是:"尽扫专制之流毒,确定共和,以达革命宗旨,完国民之志愿。"确定内政方针是:民族之统一、领土之统一、军政之统一、内治之统一、财政之统一,在全国奠定"中华民国"的牢固基础。对外方针是:"满清时代辱国之举措,及排外之心理,务一洗而去之。持平和主义,与我友邦益增睦谊,将使中国见重于国际社会,且将使世界渐趋于大同。"接着,通电各省废除阴历,改用阳历,以五色旗为国旗,并以临时大总统就职之日——1912年1月1日作为民国纪元的开始。

民国肇始,共和建立,中国迎来了历史上崭新的一页。这一年,于右任三十四岁。从他十七岁写下"诛杀西太后"信件开始算起,他等待这一天等了十七年。在这历史的节点上,作为革命的一分子,他的心情可想而知,他几乎一夜未眠,沉浸在巨大的幸福和兴奋中。第二天一早,黄兴找到他,请他预览政府人选名单。各部人选是:

陆军总长　黄　兴　次长　蒋作宾

海军总长　黄钟瑛　次长　汤芗铭

司法总长　伍廷芳　次长　吕志伊

财政总长　陈锦涛　次长　王鸿猷

外交总长　王宠惠　次长　魏宸组

内务总长　程德全　次长　居　正

教育总长　蔡元培　次长　景耀月

实业总长　张　謇　次长　马君武

交通总长　汤寿潜　次长　于右任

　　于右任看了名单，感到《民立报》的同事在政府中占的名额太多了，他恳切地对黄兴说："最好我不要参加入阁，这不是我推卸责任，实在是辛亥革命以后，《民立报》同仁从政的越来越多，报社执笔乏人，业务尤须加以整顿。其他同仁的进退，我不敢置一喙，但我个人还是想办我的《民立报》去。"黄兴不同意，说道："请你出任交通部次长，那是先生的意思。"一听说是孙中山的意见，于右任只好遵命了。从元月3日起，于右任担任了临时政府的交通部次长，由于部长汤寿潜迟迟未到任，他实际上是代理部长。由于部务繁忙，他辞去了《民立报》总主笔的职务，请章士钊代理，但仍主持报馆的业务。

　　当时交通部下辖四个司：路政司、邮政司、电政司和航政司，主管道路、铁路、航路、邮信、电报、船舶及运输，以及造船事务等。南京临时政府只存在了三个月，于右任短时间内不可能有多大的建树，但他首次实现了沪宁线通行夜车。在他当次长前，沪宁线的火车只限于白天行驶，一到晚上全线停驶。所以沪宁两地相距虽不过三百公里，但往返一次却要耗时两日。临时政府成立后，政府官员及来往旅客陡增。因此，交通部经过调查并做好准备工作后，从2月24日起，每天午夜12时沪宁两地对开列车一次。午夜对开车月耗一万五千元，如售票收入不足，概由交通部补贴。这是于右任当部长的一项德政，多年来一直为人们所称道。

　　此外，根据他几年办报的体验，知道电报价格不减低，报纸很难成为"消息总汇"，于是，他又制定减收新闻纸邮电费用。至于整顿电信局和通令保护招商局轮船的决定，因临时政府很快结束，未能贯彻下去，只徒具两纸空文。

　　4月1日，孙中山辞去了临时大总统的职务，于右任也卸去了交通部次长之职,回到《民立报》,仍专心致志于办报。由于这一段时间工作特别紧张繁忙,没有时间理发刮胡子,他开始蓄须。于右任的胡子驰誉政坛,号称美髯公。晚年的于老美髯飘拂,条条清晰,根根可数,最长的部分有一尺六寸八分,白如银丝,状若神仙中人。于右任一生不管什么身份,总是一袭布衣,布鞋棉袜,配上他长长的胡子,留给人极深刻的印象。他很爱惜和保护自己的美髯,平时每天用开水烫洗一次,洗后

"美髯公"于右任

用指尖轻轻地梳理,以保持长髯的清洁与修整。晚年时,梳理胡须经常散落一两根银须,身边的侍从和警卫,都收起来珍藏,有时还要留几根应付辗转托人代求者。

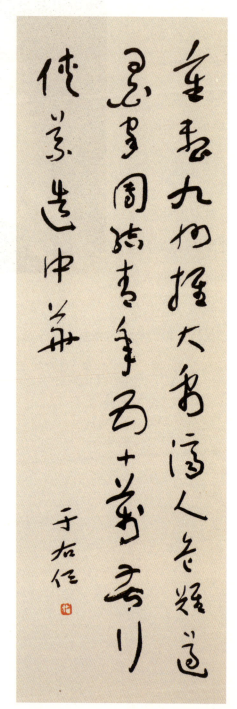

于右任作品

第二节

宋教仁案

由于革命党人经验不足，轻信袁世凯，随后的形势发展，出乎很多人预料。孙中山辞去临时大总统后，开始周游各省，进行国家建设的宣传活动。此时，宋教仁开始将同盟会改组为国民党，并组织举行了第一次国会选举，国民党取得参议院和众议院大多数议席，成为国会中的第一大党。按照《临时约法》的规定，应由国民党及其领袖负责组成责任内阁。袁世凯对此深为嫉恨，在收买宋教仁未果后，袁世凯策划了"宋教仁刺杀案"。1913年3月20日晚，上海火车站，应袁世凯急电相邀，北上共商国是的国民党代理理事长宋教仁，在黄兴、于右任、廖仲恺等友人陪同下，从车站特设的议员休息室出来，正当大家有说有笑地向检票口走去时，突然一颗子弹向宋教仁射来。沉闷的枪声过后，宋当即弯下腰来，捂住中弹的肚子，对近旁的于右任痛苦地说道："我中枪了。"事发突然，送行的人们来不及多想，一边七手八脚地将他扶上一辆汽车送往就近沪宁铁路医院急救，一边呼喊巡警抓捕凶手。凶手武士英则趁乱逃脱。

被送到医院的宋教仁伤势极重，子弹由其右腰射入，伤及小腹与大肠，逼近心脏。医院组织医生立即实施手术，取出枪弹。术后虽注射了止痛药，但由于创伤太重，宋教仁仍痛不欲生，辗转呼号，令人惨不忍闻。他自认为"从未结怨于私人"，实在想不出招致何人暗算，呻吟中不由得连声叹道："罢了，罢了! 惜凶手在逃，不知误会吾者为何许人。"等疼痛稍止，他便授意黄兴代拟致民国临时大总统袁世凯电文一封。在信中他自感伤势过重"势必至死"，只是"今国基未固，民福不增，遽尔撒手，死有余恨"，因此希望袁世凯能够"开诚心，布公道，竭力保障民权，俾国会得确定不拔之宪法，则虽死之日，犹生之年。临死哀言，尚祈鉴纳"。可惜，宋教仁临终前，还认为袁世凯为可信赖之人，全然不知自己正是死于其手。在弥留之际，对老友于右任，宋教仁留下遗嘱：一、将其书籍赠南京图书馆；二、请友人抚恤其家，善待其母；三、嘱同志们勿生悲观，宜奋力国事。此后即昏迷不醒，于22日晨逝世，年仅三十二岁。

宋教仁遇害后，葬于上海闸北。于右任对挚友的惨遭杀害极其悲愤，特撰写《宋教仁先生石像赞》的悼词，刻石于宋教仁墓前，其词曰："先生之死，天下惜之。先生之行，天下知之。吾又何记! 为直笔乎? 直笔人戮。为曲笔乎? 曲笔天诛。呜呼! 九原之泪，天下之血，老友之笔，贼人之铁。勒之空山，期之良史，铭诸心肝，质诸天地。"

宋墓建成后，于右任又一次来到老友墓前，写下《题宋墓前曰：呜呼! 宋教仁先生之墓》律诗一首，以纪其事："当时诅楚祀巫咸，此日怀殷吊比干。片石争传终古恨，大书留与后人看。杀身翻道名成易，谋国全求世谅难。如斗余杭渔父篆，坟前和泪为君刊。"

1914 年 5 月 5 日,于右任来到宋曾居住过的三贝子花园,旧地重游,人逝屋空,抚摸宋教仁手植的松树,回忆昔日的亲密交往,百感交集,情不自禁,写下了《吊宋渔父》诗二首:

一

忍泪看天哽不言,行吟失计入名园。

美人香草俱零落,独立斜阳吊屈原。

二

佳节凄凉愁里过,杂花婀娜雨中鲜。

栖栖老友今头白,手抚遗松一泫然。

宋教仁的遇刺身亡,对当时的国民党来说,是一个无可挽回的重大损失,同时对正在急剧转型的中国而言,则是严重阻碍了民主的发展进程,使得本可脱胎换骨的古老国度,失去了一次千载难逢的机会。"宋案"发生后,袁世凯阴谋家的面目大暴露,全国震惊,对袁口诛笔伐。而袁更变本加厉,倒行逆施,于 4 月 26 日以盐税和海关税担保,向英、法、德、日、俄五国银行团签订了两千五百万英镑的"善后"大借款协定。这个协定的签订,未经法定手段,袁利用大批借款,准备扩充军队,对国民党用兵,镇压革命。

对于如何妥善处理和解决刺宋一案,国民党内部分歧很大,出现了两种截然不同的意见。此时的孙中山,完全看清了袁世凯集权独裁的真实面目,认为靠法律无济于事,只有迅速组织军队,通过武力夺取政权,才能解决根本问题,他说:"若有两师军队,我当亲率北上问罪。"而以黄兴为首的大多数国民党人则认为,一旦开战,列强就会乘虚直入再次瓜分中国,况且国民党与袁世凯的北洋军队相比,实力远远不及。会议一次次地召开,双方认识不同,各执一端,根本无法制定具体而有力的应对措施。

于右任作品

此时的《民立报》，率先转发了英国路透社的电报，揭露了袁世凯大借款的内幕，一时舆论哗然。6月，袁悍然下令将国民党籍的江西都督李烈钧、广东都督胡汉民、安徽都督柏文蔚免职，并派兵南下进攻革命党人。7月，孙中山领导的、以讨伐袁世凯为目标的"二次革命"爆发，但未及两月就失败了。9月4日，《民立报》被迫停刊，它一共发行了一千零三十六号，时间将近三年，是于右任所办的四份报纸中，时间最长、影响最大的一份。就在此时，袁世凯以北京总检察厅的名义，通缉孙中山及"二次革命"的重要分子，于右任也在被通缉者之列，只好第三次赴日暂避，结束了他长达七年的报人生涯。

第三节

返陕谋划

　　"二次革命"失败后,《民立报》被迫停刊,于右任只好东渡日本。半年后,他悄然返回上海,此时袁世凯已废除《临时约法》,正为其复辟帝制创造条件,对新闻舆论监控极其严苛,当时的环境已经不允许再办报纸发声了。不能办报,于右任决定筹备开设图书公司,一方面作为反袁运动的掩护机构,另一方面也可为文化事业做贡献。他出重资,从中国图书公司买来最新式的印刷机器,聘请康心如为总经理,张季鸾为编辑,自己总其事。公司开创之初,于右任对善本丛书的刊印颇下了一番功夫,他仔细研究历代写本、刊本、传录本、批校本、稿本的区别,对每一种书籍的雕版和源流力求甄别,他还经常与上海的版本学专家和藏书者交往切磋,于右任后来与人谈起，总说："这是我很难得的一个治学时期。"也是在这个阶段，于右任接触到许多中国书法的碑帖、刻本，他加紧学习，受益良多，书法技艺大为精进。

公司开办不久，由于资金紧张，加之人手也不够，经营变得越来越困难，到最后人员的工资都无法支付。于右任只好知难而退，继续把精力放在其他革命事宜上。于右任对袁世凯倒行逆施，破坏共和的行为非常痛恨，他三次去北京侦查革命形势，并派助手秘密潜入老家陕西，联系当地的革命者，策划讨袁事宜。期间，写下了《出京》及《再过南京杂诗》，抒发对时势的愤懑和对革命的希望。

出京

泪渍征衫墨似缫，大风吹散劫余灰。

穷途白眼亲兼旧，归路青天雨又雷。

几见神龙愁失水，始知屠狗少真才。

无端宣武门前啸，声满人寰转自哀。

再过南京杂诗

一

大好江山作战场，几经水火几玄黄。

雨花台下添新冢，远近高低尽国殇。

二

满目疮痍莫倚楼，凄风苦雨遍神州。

先生自分愁中老，泪眼湖山吊莫愁。

三

十万人家动地哀，多情处处野花开。

莫愁湖畔英雄骨，乞得佳人冷炙来。

四

山围故国人安在，泪湿新亭客更多。

再造神州吾未老，是非历历指山河。

袁世凯称帝后，其倒行逆施的行为激起全国反对。1915 年 12 月 25 日，表面支持废帝制的蔡锷和唐继尧在云南宣布起义，发动护国战争，讨伐袁世凯。贵州、广西相继响应，3 月份袁世凯被迫宣布取消帝制，起用段祺瑞为国务卿兼陆军总长，企图依靠段团结北洋势力，压制南方起义力量，但起义各省没有停止军事行动。1916 年 6 月 6 日，袁世凯因尿毒症不治而亡。袁世凯病死后，北京政局仍被北洋军阀势力把控。1917 年 5 月，于右任主动向孙中山建议，时局迫切，军阀专权，应该在北方组织义军，突破北洋军阀势力的核心，南北夹击，以响应西南讨逆义师。孙中山对于右任的这一设想表示赞许，于右任主动请缨，由北京经洛阳入西安，秘密联络西北革命志士、民党领袖，如井勿幕、张钫、胡景翼、宋元恺、茹欲立、李元鼎、曹世英、刘守中、樊钟秀、于鹤九、李春堂等筹商举义于陕，与西南的讨逆军相呼应，共同讨逆。

于右任去陕西联络革命之时，陕西势力最大的武装为陕西督军陈树藩。此人原为民团首领，由陆建章向袁世凯推荐登上陕西督军的高位。窃国大盗袁世凯死后，陈树藩宣布取消陕西独立，表示效忠北洋政府，称颂袁世凯为"中华共戴之尊，民国不祧之祖"，提出对袁的丧礼要"格外从丰"，对其遗属"从厚优待"。陈树藩的无耻行径遭到陕西和全国人民的鄙视、唾骂，却受到北洋政府段祺瑞的赏识。6 月 10 日，北洋政府发布命令，任命陈树藩为汉武将军，督理陕西军务。从此，原属民党的陈树藩充当了北洋军阀皖系的忠实爪牙，并成为段祺瑞所控制的"督军团"的中坚分子。陈树藩政治上紧跟北洋政府，对陕西人民施行残酷的反动统治。军事上，排除异己，扩充个人实力。民党人士郭坚、曹世英、高峻等皆受其排挤控制。一年期间，陈树藩的兵力就扩大为三个步兵旅（当时陕西军队以旅为最高编制单位),两个独立混成团,两个骑兵团,一个炮兵团,以及新编之汉武军等,达三万余人。

陕督陈树藩依附于段祺瑞,与陕西革命党人的矛盾越来越尖锐。尤其在恢复《临时约法》的问题上,陈树藩更是激起革命党人的愤怒。因此,孙中山掀起护法运动后,陕西革命党人焦子静受孙中山的派遣联络陕西革命党人组织护法军。陕西民党人士和青年军人认为,反段必先除陈树藩。9月,焦子静返回陕西,以孙中山授予的"护法军陕西招讨使"名义,策划反段(祺瑞)讨陈(树藩)斗争。1917年12月3日,高峻在白水以"西北护法军"总司令名义,发出护法通电,发表《讨陈树藩檄文》,传檄渭河南北,声讨陈树藩。白水起义后,陕西各地会党及革命党人纷纷响应。12月4日,商县龙驹寨驻军王明敏以护法军的名义,占据商县、洛南一带;10日,陕西警备军统领耿直发动了西安起义;21日,郭坚在凤翔通电宣告独立,自任陕西护法军西路总司令,通电称"陈树藩阴险成性,鬼蜮为心",揭露陈树藩各种罪状,"陕人为响应护法已展开倒陈运动,坚在凤翔率领陕西健儿,树立讨陈旗帜,宣告独立。为国锄奸,为民请命"。郭坚独立后,率部到户县,两军会合后开赴周至县。耿直、郭坚召开官佐会议,通过了"护法靖国,讨段倒陈"的通电,决定树立靖国军旗帜。陕西各武装团结在靖国军旗号下,正式以武装暴力讨伐陈树藩。

1918年1月22日,陕西靖国军总司令部成立,郭坚任司令,耿直任副总司令,在西安以西各县张贴通告,号召民众,共同倒陈。又以私人名义致函曹世英、高峻等协同反陈活动,劝说陕西第一混成旅团长胡景翼早日脱离陈树藩,站到反陈阵营中来。在郭坚、耿直的影响下,1月28日,胡景翼部张义安营宣布起义,接着在三原以"中华民国军政府陕西靖国军"名义通电全国,宣布脱离陈树藩;曹世英也在渭南宣布独立。同时,长期盘踞在山陕蒙甘交界地区的农民武装卢占魁也率部来到三原,参加了靖国军,被编入左翼军。各路武装统一在靖国军大旗下,陕西靖国军的班底已经搭建起来,声势日益壮大。

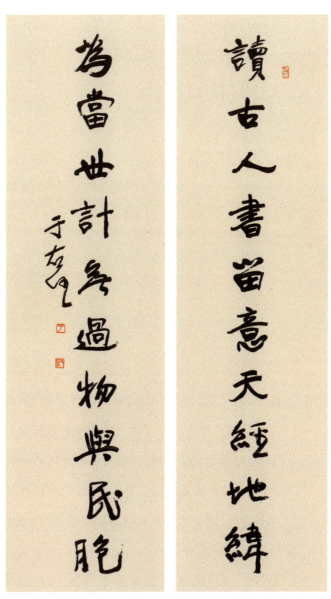

讀古人書當意天經地緯

為當世計多過物與民胞

于右任作品

第四节

书生司令

靖国军成立后，活动地域及影响范围包括泾阳、三原、高陵、耀县、富平、白水、澄城等县以及临潼、渭南、蒲城、大荔各县部分地方，即所谓"靖国军自三原起义以来已经半年，占有相当大的区域，形成与敌隔河对峙的局面"。1918年3月5日，陕西靖国军召开全体军官会议，推举西南军阀唐继尧为川、滇、黔、陕四省靖国联军总司令。但此时的陕西靖国军各将领均以总司令名义自居，互不统属，各自为战，互相猜疑，各有所图，步调难以统一，处于群龙无首的状态。

在这种状况下，众将领商议，必须请于右任回来领导靖国军，革命才能获胜。他们决定，由三支拥兵最多的部队各推派一人，联袂赴沪敦促于右任回陕。4月，胡景翼部的王玉堂,曹世英部的成柏仁,高峻部的张庆余一起去上海,将关中的形势和各派政治力量的情况一一向于右任做了陈述。于右任一年前奉孙中山之命去陕活动,希望能在陕西发动革命,如今陕西靖国军建立,邀他返陕领导,这是责无旁贷、义不容辞的事。虽然明知此行艰险,自己也没有行伍经历,但于右任抛开一切,5月初与王玉堂等三人动身返回陕西。他们由上海坐船到汉口,又经郑州转洛阳。进陕西之前,为了避免被沿途的武装认出,于右任一行化装成传教士和教友,由陕县渡过黄河,经吴王渡入陕,再走宜川、洛川、延长、延安、耀县,整整走了二十天,才到达三原的靖国军总部。于右任沿途作了不少诗,对黎民百姓的疾苦至为关切,如《宜川道中》一诗写道:"隐隐黄河线一痕,马前东望日将昏。风云晋塞连秦塞,波浪龙门接孟门。高祖山头余破庙,将军台上只荒村。川原如锦人如醉,遍地花开不忍论。""遍地花开不忍论"这句,指的是陈树藩为了扩军筹饷,大开烟禁,在陕北各县强迫农民种植罂粟花,虽然花开时美丽如画,但却是祸国殃民的大毒草。

1918 年 8 月 8 日,于右任、张钫发表通电,分别就任陕西靖国军总司令与副总司令,胡景翼任总指挥。于右任在就职演讲大会上说:"余以革命党人,非为权利名位而来,实为救国家,救桑梓,与诸同志共甘苦、同生死而来,带给大家者,非金钱,非械弹,乃一腔热诚,与中山先生革命精神,此种精神为革命党人无价瑰宝,一切均不足比拟,只要大家确切认识,笃实践履,则革命必成,强权必败,区区陕乱,不足平也。"总指挥胡景翼布告全军:"兹定于八月八日推戴于右任、张伯英先生为总、副司令,即日开府视事,景翼等立即取消各总司令名号,此后率所部听命指挥……无诈无虞,始终不二。"

担任靖国军司令后,于右任首先考虑的,是如何把这一支松散、意见分歧的队伍组织起来,使他们互相消除猜忌,团结一致,发挥战斗力。其次,要建立一个强有力的总司令部,做到令行禁止,步调一致。虽然靖国军各路队伍上上下下对于右任都极其尊重,怀有好感,但靖国军组成复杂,彼此又不信服,各路部队的驻地,有穷有富,钱粮分配,有多有寡,武器发放,有优有劣,将领们尤为力争不让,但最后都被于右任一一解决,这不能不叫人佩服。一介书生,经历这样大而复杂纷纭的局面,居然在一些久历戎行的名将面前,调兵遣将,厘定战略,显示出元戎的气度,的确是时势造英雄。

为便于指挥,于右任将三万余大军编为六路,各路的番号也是用抽签的方式决定的。每路设司令一人,路下为支队,支队以下为团、营、连、排。全部人马编为六路,一年后又增加第七路。各路人马与驻地如下:

第一路,司令郭坚,辖五个支队,五千余人,驻凤翔及西府各县;第二路,司令樊钟秀,辖三个支队,三千余人,驻扎在周至、户县一带;第三路,司令曹世英,辖三个支队,三千余人,驻高陵、淳化、交口、栎阳;第四路,司令胡景翼,辖六个支队,六千余人,驻三原、富平、耀县、蒲城等地,是装备最精良的一支;第五路,司令高峻,辖两个支队,两千余人,驻白水、澄城、合阳、韩城一带;第六路,司令卢占魁,辖三个支队,三千余人,驻三原、耀县等地,骑兵较多;第七路,司令王钰,辖三个支队,两千余人,驻乾县一带。

上述七路靖国军,有人马约两万五千人,以三原为中心,主要控制着渭北、西府和陕东部分地区十四个县的地域,是辛亥革命以来陕西民党势力的鼎盛时期。

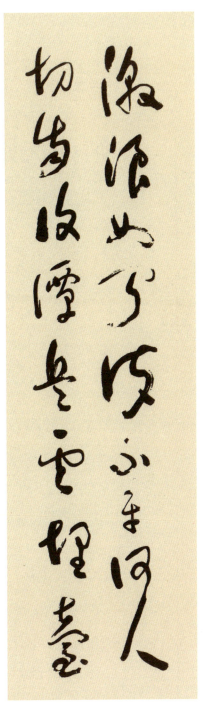

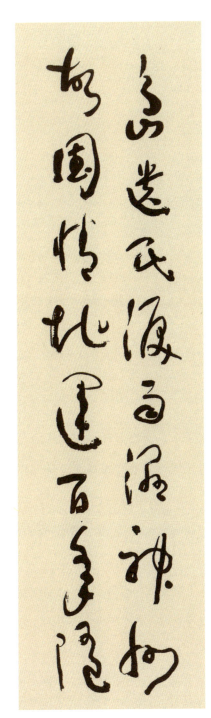

于右任作品

第五节

靖国失败

于右任早在就任靖国军总司令之前，即向孙中山提呈过"革命非自北方着手，无以突破北洋军阀之阵营"的战略，担任司令后，又厘定了"会合陕西各路民军、义军，略定西北、抚鄂之背"的计划。在战争过程中，屡次制定战守方略，如 1918 年 12 月，镇嵩军猛攻周至，副总司令张钫和第二路司令樊钟秀被围，于右任制定了"围魏救赵"之计，派董振五、邓宝珊、杨虎城等西攻武功，镇嵩军如回师来救，周至之围自解。

于右任不但设谋，战事紧张时还亲赴前线督战。如靖国军后期，杨虎城在武功地区独撑大局，以数千之众，与直军数万激战于武功、扶风、大王店等地，情况紧急时，于右任亲率炮兵赴前线增援,使杨虎城在打了一次小胜仗后迅速撤退,减少了伤亡。所以,1945 年于右任在追忆陕西靖国军及围城诸事时,写的《中吕·醉高歌》十首中,以"名儒名将兼名士"自况。所谓"名将"就是指靖国军时期担任总司令一事,这也是他一生中唯一的一次带兵打仗。

但接踵而来的问题,是军械弹药和粮饷的匮乏。陈、刘联军既有大宗烟土捐税收入,又有北洋军阀政府作后盾,而靖国军孤军奋战,南方军政府自顾不暇,实无余力接济。在这种情况下,有人向于右任建议,能否在靖国军的防区内增加税收,或者发行纸币,以救燃眉之急。类似这样的建议还很多,但均遭到于右任的拒绝,只要读一读他回陕时写的"戍卒一年三溃散,居民十室九逃亡""兵火连年人四散,平川历历上田荒"的诗句,就不难理解于右任为什么不采用增加税收和发行纸币的缘由。所以,在靖国军的控制区,仍按原来的税收份额课税,由于兵员猛增数倍,税收还是原来的水平,"粥少僧多",官兵们只能维持最低的伙食标准,久而久之,怨声四起,以至数年后,连靖国军最主要的将领胡景翼也背于而去,接受了北洋军阀政府的改编。究其原因,除少数人为了升官发财外,粮饷问题长期得不到解决,的确是个潜在的因素。

1918 年年初,陕西靖国军成立后,宣布讨伐陈树藩,使陈氏陷入革命党护法倒陈的洪流之中。2 月初,靖国军开始攻打省城西安,右翼军以张义安由兴平渡渭河经周至、户县,"连获胜利,逼近省城";消息传至三原,左翼军各将领攻占省城,"为根本上之解决"。曹世英、郭坚、高峻等渡过渭河到达新筑镇,在灞桥、十里铺、广台庙、水腰、草滩一线与陈树藩军作战,战线达五十余里。陈树藩为解决陕西危局以自保,寻求北洋政府及河南刘镇华镇嵩军帮助,入陕围剿靖国军。援陈的北洋军阀各部相继入陕。以奉军师长许兰洲为援陕总司令、直军旅长张锡元为副司令的奉直军两万余人入陕后,伙同镇嵩军在省西向靖国军发动大规模进攻;晋军一旅约三千人,从禹门口入陕,不战而据韩城、合阳;陇东镇守使陆洪涛率甘军万余人,进驻长武、彬县、陇县及凤翔以北地区;段系川军刘存厚率众两万五千余，从川北入陕，占据陕南；陕南镇守使、北洋军阀直系十五旅管金聚部让出汉中，率众五千余袭占宝鸡。各路的援陈军向陕西靖国军展开分路围攻之势。形成了八省（河北、河南、奉系、山西、陕西、四川、甘肃、湖北）联军围剿靖国军的局面。兵连祸结，陕西人民陷于水深火热之中。

北洋军队大举入陕后，陕西靖国军在极其不利的形势下，进行了顽强激烈的战斗。兴平、杏林之役，相持两月有余。在陈树藩与镇嵩军的夹击下，靖国军进攻西安失败，退回渭北。靖国军在渭河以南和西部地区几乎全部丢失，逐渐收缩在以三原为中心的狭小地带，面临着严峻的形势。北洋军阀派多路兵力入陕助陈作战，而陕西靖国军与南方各省友军相距甚远，面对数倍于己之敌，于右任曾提及："我军既患孤虚，逆贼又非小弱。右任力棉任重，陨越时虞，辄中夜起立，沈思大势……"而另一方面，陕西靖国军还存在因各方利益问题而内部失和的困扰，皆是最终失利的重要原因。

靖国军之间的矛盾随着战争的失利而产生，在紧要关头人事权的不统一和各将领意见分歧，不能忠诚团结的问题都表现出来了。靖国军总司令部的指挥调动往往采取会商方式，同舟不共济的次数很多。如在西路的将领叶、郭、樊意见不一。一路的参谋马凌甫，二路的参谋长阎秀峰弟兄，三路王子中、张瑞卿，四路刘守中、朱子敏，五路焦子静、杨子廉，六路续西峰、续范亭，都是各路的"长衫子"（指文人谋士，他们习惯穿长衫马褂，故俗称长衫子），能左右各路司令，各路的政治、教育、财政、军事、外交，皆要通过这些人。各路对靖国军的主张是一致的，对个人利益互不相让，这是失败的总根源。

陈树藩派信使高德卿见靖国军总司令于右任，想趁机收编靖国军。条件是："（一）于（右任）认陈（树藩）为陕督；（二）于将靖国军全部交陈，由陈编制；（三）陈向中央代于谋位置。"于右任当面怒斥："我来陕是为了救陕，岂有半点为自己谋算之心？陈树藩算什么东西，竟敢如此口出狂言！"

于右任不接受收编，胡景翼、曹世英、高峻等各路将领则主张接受改编，保存实力。于右任极力反对,并晓谕各方,但终无效用。在此期间,孙中山曾致函邓宝珊,表示反对陕西靖国军各路接受直系军阀的改编,指出此举"不特败坏纪纲,为西南各省所不容,即于其个人节操,亦有大亏"。1921 年 9 月 19 日,胡景翼在三原召开"国民代表会议",9 月 25 日通电取消陕西靖国军。1922 年 1 月 17 日,胡景翼部包围靖国军总司令部,焚毁文书,索取印信,查封了办公室。于右任先已退居民治小学,后住东里堡之半耕园,闻总部被封,即率少数参佐出走淳化县方里镇,避居于曹世英之部下于鸣岗(凤千)营。陕西靖国军总司令部解体。

在靖国军各路司令相率接受奉军、直军改编的过程中,唯第三路第一支队司令杨虎城始终反对受编,坚决表示要把陕西靖国军旗帜坚持到底。杨虎城率部由临潼出发,于 1920 年 2 月间,一举攻克武功县城,全歼陈树藩的一个营,获得大量物资和武器。接着占据扶风等县,兵员由原来的千人发展到三千余人。曹锟、吴佩孚曾派参议武叔斌到武功游说,以编杨部为一独立旅为饵,诱杨归附。胡景翼受编后亦曾派人执亲笔信说杨,曹世英也派王子中劝杨。皆被杨严词拒绝,并派参谋韩望尘敦请于右任来武功,恢复陕西靖国军总司令部。1922 年 3 月 23 日,于右任偕李元鼎、茹欲立,由于鸣岗派队护送,杨虎城派队迎接进驻武功。复设陕西靖国军总司令部于凤翔,并设行营于武功。于升任杨虎城为靖国军第三路司令,李夺为第一路司令(郭坚被杀后,其部属李夺、麻振武等复归靖国军)。此时直奉战争又起,冯玉祥率部出关,刘镇华代署陕督。利用敌军调动之际,于右任令杨虎城、李夺两部协力攻取马嵬,相机谋取兴平、咸阳。杨部苦战半月,坚守阵地不稍退。后陆洪涛部侵占麟游,管金聚部由宝鸡出动增援,对靖国军形成四面包围之势。不得已,杨虎城主动放弃武功,经由扶风、岐山之桃园,与凤翔第一路靠拢,到达凤翔之田家庄。

1922 年 5 月,因形势所迫,杨虎城和于右任在凤翔会面。为保存西北革命的种子,于右任与杨虎城决定:护送于右任由甘肃南部经四川到广州,向孙中山请示办法;杨虎城率部转移到陕北,依托井勿幕的弟弟井岳秀部"保存实力,以待后命"。年底,靖国军余部接受井岳秀改编,编制陕北步兵团,分驻三边、延安、延长、延川等处,杨虎城寄居榆林,成为靖国军硕果仅存的遗脉。

陕西靖国军从 1917 年 12 月建立到 1922 年 5 月失败,先后存在了四年多时间,是孙中山在护法战争中在西北唯一一支可以倚重的力量。在反对北洋军阀独裁统治的斗争和"护法"战役中,所表现出的英勇顽强的革命牺牲精神是十分可敬的,反映了陕西人民寻找革命道路所经历的艰难痛苦过程。于右任在领导靖国军的过程中,上下周旋,尽心竭力,置个人利益于度外,以一隅之地,抗北洋军阀八省之众,苦战经年,独撑危局,这对一位从未统率过军队的文人来说,不能不说是一桩奇迹。他在频年苦战之余,还努力撙节军费,兴办学校,造就人才,兴修水利,造福桑梓,赢得渭北人民对他的感念。

第五章

中山信徒

ZHONGSHAN XINTU

1923 年之后，于右任一直追随在孙中山身边，协助他开展革命活动。孙中山在复杂形势下和艰苦环境中的坚忍不拔、对革命的矢志不渝，深深影响了于右任，也更加坚定了他革命的信心。

第一节

上海大学

　　1922 年 6 月 16 日凌晨，陈炯明的粤军部队公开叛变，炮轰孙中山所在的粤秀楼，欲置孙中山于死地。由于事先得到消息，孙中山只身出逃到了永丰舰，后抵达上海。陈炯明叛变时，孙中山总结了身边没有一个可靠之人和可用之兵的教训，这也间接催生了黄埔军校的诞生。孙中山到上海后，因西北革命失败而先回到上海的于右任去码头迎接。二人见面后，于右任将西北革命的整个过程向孙中山做了汇报，并主动承担革命失败的责任。孙中山安慰他说："失败何伤，吾亦失败来此也。"鼓励他继续努力。

　　此时的于右任以卖字所得润笔维持生活。他在报章上发文，总结革命失败的教训，并提出了教育国民的观点："只身出陇蜀，间道来沪。失败之后，回念生平，非敢言觉悟也。因思以兵救国，实志士仁人不得已而为之；以学救人，效虽迟而功则远。"是年 10 月份，于右任与邵力子等人一起，创办了上海大学。于右任被推为上海大学校长。这所大学，是中国共产党参与创办的第一所高等学校，集中众多共产党员，成为中共早期在上海的一个重要活动据点，一批国共两党领导人和革命骨干曾任职、任教、就学于此，学生来自全国各地以及南洋、日本、越南、朝鲜等地，时有"红色学府""革命熔炉""武有黄埔，文有上大"之称。

上海大学的前身，为 1922 年 3 月 18 日成立的私立东南高等专科师范学校。学校的创办者是校长王理堂、校务长陈绩武、会计汤石庵，他们以提倡新文化为号召，设立了国文、英文、美术三科及附中，招收了以皖籍为主的一百六十余名学生。学校创办不久，王理堂、汤石庵、陈绩武等人藉学敛财、携款私逃，引发学潮。此时，为加速培养更多的共产党干部，中共中央决定创办一所干部高等院校，中共首任总书记陈独秀曾与李大钊等人多次酝酿筹划。在国共合作背景下，中共认为请国民党出面办学较为有利，学生自治会接受了中共的意见。经学生代表两次恳请和邵力子、柏烈武、柳亚子、杨杏佛、叶楚伧等国民党要人的劝说，于右任为学生代表的殷切恳求所感动，同意接受邀请，建议把校名改为上海大学，并亲自题写了校牌。

1922 年 10 月 23 日，上海大学成立，《民国日报》刊登启事："本校原名东南高等师范专科学校，因东南两字与国立东南大学相同，兹从改组会议议决变更学制，定名'上海大学'。公举于右任先生为本大学校长。"邵力子（当时是中共党员）出任副校长。校舍为老式石库门二层楼房十余间。1923 年，在李大钊推荐下，共产党人邓中夏任总务长（后改称校务长），瞿秋白任教务长兼社会学系主任，校务工作主要由加入国民党的共产党人所主持。上海大学初设文学（分国文、英文两组）、美术（分图音、图工两组）两科，并设普通科；经过改制，设有社会科学院（含社会学系）、文艺院（含中国文学系、英国文学系）和美术科，另外还附设中学部和俄文班。学校开设的必修外语有四种：英、德、俄、日，要求每个学生掌握两门，又附设世界语选修课。学校的目标是有系统地研究社会科学和发展形成新文艺系统，培养社会科学和新文艺方面的干部，以达到改造社会的目的。社会学系逐渐成为学校最大的系，该系以学习马克思主义的基本理论为主，瞿秋白为社会学系制定的教学计划提出着重劳动问题、农民问题、妇女问题的研究。学校还举办特别讲座，主要是报告政治形势和解答时事问题，邀请社会名流和专家学者或上大教师做专题讲演。

于右任任上海大学校长时，正是国共两党酝酿合作之时。1923 年元旦，孙中山发表了《中国国民党宣言》，强调今后革命必须依靠民众的力量，一些共产党员也以个人的身份加入了国民党。23 日，孙中山委于右任、居正、张静江、廖仲恺、戴传贤、陈独秀等二十人为参议。1923 年期间，孙中山、李大钊、廖仲恺、汪精卫、刘仁静、胡汉民、戴季陶等曾来校演讲，为上大的发展注入巨大推力。孙中山希望上大办成"以贯彻吾党之主张，而尽言论之职责"的革命学校，他指示："今后要按月给上大拨办学经费。"翌年定为国民党党办大学。上海大学从不张挂当时的"中华民国"国旗——五色旗，迥异于沪上诸校，所用的是由国民党党徽和蓝底白字组成的上海大学校旗，强调反对北京政府的反动统治。

于右任对上海大学的发展，倾注了许多心血。当时他社会活动较多，经常来往于河南、上海、南京等地，但是，对于学校事务，于右任起到了主要作用。1923 年 1 月，前东南高等专科师范学校创办人唆使被"上大"开除的学生王某登报造谣，并挑起诉讼事件，妄图夺取"上大"。在此过程中，于右任运用他的社会影响，发动学生与王某做斗争，迫使王某撤销了诉讼案，维护了这一新兴的革命学校。于右任在"上大"担任校长的时间虽然不长，但他对这所学校及其学生却怀有深厚的感情。1924 年秋，上海大学经济特别困难，无法开学，于右任向吴季玉借款五千元，始得维持一学期。1927 年"四一二"政变，学校被蒋介石封闭后，国民政府教育部一直不承认"上大"学生的学籍，致使两千名先后在"上大"求学的学生在就业、晋级、生活待遇等方面受到不公正的待遇。于右任多次与国民党有关部门交涉，高声斥责那些封闭学校，开历史倒车的官员："你们这是忘了本！"1936年3月，国民党中央第八次常务委员会才通过追认上海大学学生的学籍、与其他国立大学学生享受同等待遇的决定。

上海大学的管理，于右任遵循联俄、联共、扶助农工的三大政策，放手起用共产党人和进步人士，为革命注入新的力量，寻找新的道路。上海大学先后聘请蔡和森、张太雷、李汉俊、恽代英、沈雁冰、萧楚女、田汉、朱光潜、朱自清、郭沫若、吴玉章、叶圣陶、曹聚仁到校任职任教。1924年下半年，中共以上大师生为骨干，在上海各工人集中地区开办工人夜校，恽代英、邓中夏、萧楚女、邵力子、任弼时、沈泽民和刘华、杨之华、刘一清、薛卓江等师生轮流到工人夜校、平民夜校上课，宣传革命，发动群众，组织工会，培养了一批工人骨干。1925年1月，中国共产党第四次全国代表大会决定在党内建立支部一级组织，上海大学是全市第一个建立中共支部的学校。

上海大学，是国共合作的产物，也是于右任贯彻孙中山新的革命道路的成果，在大革命时期的上海起过重要的作用。许多著名的共产党人如瞿秋白、蔡和森、邓中夏、恽代英、沈雁冰、杨贤江、萧楚女、张太雷、侯绍裘等均在该校任职任教，不仅培养了大批的共产主义优秀战士，为中国的新民主主义革命做出了贡献，而且还创造性地对无产阶级的教育制度进行了探索，在中国现代教育史上占有重要的地位。

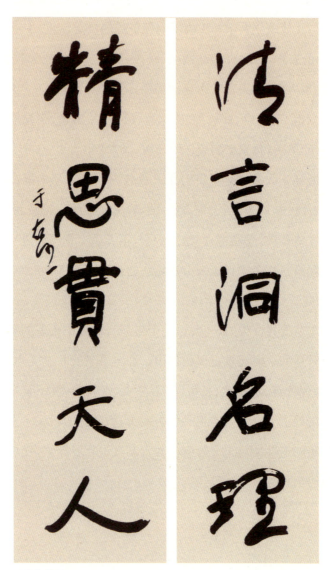

精思貫天人

清言洞名理

于右任作品

第二节

国共合作

　　1923 年之后，于右任一直追随在孙中山身边，协助他开展革命活动。孙中山在复杂形势下和艰苦环境中的坚忍不拔、对革命的矢志不渝，深深影响了于右任，也更加坚定了他革命的信心。从 1922 年开始，国共合作的伟大开端，使于右任深受鼓舞，使他看到了光明和希望。中国共产党领导的工农和学生运动，更是强烈震撼着他的内心。在陕西领导靖国军，于右任深刻感受到了教育工农的重要性，中国共产党依靠群众、发动工农的革命途径，他深以为然。一直到 1927 年蒋介石违背孙中山遗志，公开镇压共产党及其他先进革命力量，于右任始终是同中国共产党站在同一条战线上的。也因为此，于右任的这一时期被称为"国民党左派"，这也是

于右任、高仲渔、赵作栋在国民代表大会合影

他一生中最光荣辉煌的黄金时期。

1924年1月，于右任在《东方杂志》发表长文《国民党与共产党》，阐述国共合作思想，力斥"君子不党"旧说之非，批驳国民党内反对国共合作的种种谬论，强调国共合作以救中国，认为"合则两益，离则两损"。文章重点有三：一是认为国民党进行改组是非常必要的；二是于右任对中国共产党所表现出的革命精神及巨大潜力表示敬佩；三是于右任明确表示，愿意紧紧追随孙中山先生，拥护支持他关于国共合作的重大决策。文章结尾说："苟能祛两方之误解，合真诚革命之士而奋斗，新中国之出现，其大有望乎？"表达了这位孙中山先生的信徒赞成国共合作的强烈愿望。

1924年1月20日至30日，中国国民党在广州高等师范学校（中山大学前身）举行了有共产党人参加的第一次全国代表大会。大会确立了联俄、联共、扶助农工的三大政策，通过了新的国民党党纲、党章和改组国民党使之革命化的各项具体办法。于右任出席了这次大会，并与廖仲恺、胡汉民、汪精卫、李大钊、张静江等24人当选为第一届中央执行委员。大会结束后，中央执行委员分赴各地区组织执行部，指导各地的党务工作。于右任等被派往上海执行部，该部辖江苏、浙江、安徽、江西四省。于右任担任执行部的工人农民部长，邵力子为秘书；胡汉民为组织部长，毛泽东为秘书；汪精卫为宣传部长，恽代英为秘书；叶楚伧为青年妇女部长，何世桢为秘书；茅祖权为调查部长，孙镜为秘书。

1924 年 10 月 23 日，冯玉祥、胡景翼、孙岳发动"首都革命"，电请孙中山北上，于右任等自沪随行。1924 年 11 月曹锟垮台后，段祺瑞出任临时执政，请于右任担任内务总长，他坚决推辞，不愿就任。此时孙中山抵达北京后，病情加剧，入协和医院就医。孙中山本人是医生，自知病重无好转希望，因而加派于右任、吴稚晖、李大钊、陈友仁、李石曾五人为政治委员，组成北京政治委员会，处理党务。当晚，委员会开会研究孙中山治疗事宜，有人提议应趁孙中山临终前，草拟一种文告，以防万一。于右任提出用"遗命"二字，大家认为不妥，建议用"遗嘱"二字，经几次会议，草拟成"总理遗嘱"。孙中山逝世前，于右任奉命赴东北与张作霖商谈，阻止奉军参与河南的国民军与镇嵩军的战斗。此行虽然很成功，但当他回来，得知孙中山已经在 3 月 12 日（1925）与世长辞了。当听说孙先生在弥留之际，还在喊着"奋斗、和平、救中国"的最后遗言时，于右任禁不住放声大哭。先生逝世时未能随侍在侧，亦未能在遗嘱上签字，待到先生灵柩安葬南京时，于右任又因为足疾未能亲自执绋，这两件事，于右任引为毕生遗憾，许多年后，还常常感到痛心。

1925 年的 5 月，上海发生了五卅惨案，英国巡捕开枪打死游行群众，激起了全国性反帝爱国风暴。于右任因是孙中山临终前加派的北京政治委员会委员，时正在北京，遂与群众一道走上街头，抗议英帝国主义的暴行。在反帝集会上，于登台发表演说，谴责英帝国主义开枪打死中国公民。演讲时，共产党员于树德用扩音话筒加以重点解说，受到与会群众长时间的热烈鼓掌欢迎。于右任还向报界发表谈话，"试问租界捕房，有何理由，据何权限，有何必要，而能开枪杀人乎？"

1925 年 4 月 10 日，河南军务督办胡景翼因病去世，于右任在中原地区失去了一位可靠的革命伙伴和执行者。胡景翼本人极端仇恨北京政府的军阀和帝国主义分子，对苏联态度比较友好。正因为此，河南地区的革命形势较好，国民党、工会的公开活动及共产党的半公开活动都得到了较为宽松的环境。胡景翼死后，其部将岳维峻继任河南督办。于右任特地去河南，检阅岳维峻的部队（靖国军旧部），受到盛大欢迎。在欢迎大会上，于右任即席发表演说，阐述为什么要革命的道理。他说："革命是被压迫阶级对于压迫阶级的一种反抗的行动，革命是人类社会进化过程中的必有突变现象，革命是根本解决被压迫阶级，根本改造旧社会的方法，革命是舍己利人，普救众生的、最高尚、最神圣、最光荣的事业。"并对身为一省之长的老部下岳维峻劝勉鼓励，希望他能振作精神，带好国民二军。可惜的是，随后奉系军阀直接插手河南地区的革命事务，岳维峻也亦步亦趋，后来，甚至威胁要退出国民党。在这种情形下，国共北方组织，决定做工作，争取冯玉祥部。于右任和李大钊一起，多次前往河南，接洽冯玉祥，商讨继续革命和争取苏联支持的事宜。

1925 年 11 月，国民党中央执行委员中的林森、邹鲁、谢持、张继等十余人在北京西山碧云寺孙中山灵前开会，反对联俄、联共、扶助农工的三大政策，主张与共产党分裂。这次会议即为"西山会议"。于右任坚决反对他们召开这次会议，并明确以"道不同不相为谋"而拒绝参加会议。会后，这些人闯进国民党北京执行部，强行抢走了印章和名册，企图搞垮坚决执行孙中山三大政策的国民党北京执行部。

此时的于右任，党内党外，都面临着严峻的考验和巨大的压力。

花亦謝種猶香早知階下蕉難實且看籬前菊見霜為問他年

人生求足何時足天道無常似有常老屋將傾基尚固好

于右任作品

第三节

远赴苏联

　　中国近代历史上，中国共产党首先提出了民主革命的明确主张：打倒帝国主义和打倒封建军阀。1922 年后，中国共产党又重提流行于辛亥革命时期的"国民革命"一词，并在新的历史形势下赋予了这个词新的含义，指出中国一切进步力量共同反帝反军阀的"国民革命时期"已经到来。以孙中山先生为代表的中国资产阶级民主派，认同并采纳了这些重要意见，把"国民革命"也作为自己的旗帜。正是在这面旗帜下，国共两党实现合作，团结全国人民，把辛亥革命以来的中国民主革命运动推向了反帝反封建军阀的新高度。

　　于右任作为孙中山的信徒和积极追随者，是一定也接受了"国民革命"的进步主张的,这奠定了他在这一时期活动的思想基础。1925 年,在视察国民二军的时候,于右任在对官兵的演讲中,明确指出了反动军阀和帝国主义的走狗,是造成目前中国社会灾难的罪魁祸首。他还说,中国革命的任务,就是要推翻反动军阀和帝国主义,如此才能谋独立,才可"根本解放被压迫阶级",才可消灭"人压迫人、人掠夺人的现象"。这些思想,应该与李大钊对其的影响有关系,但是,主要是由于于右任"顺乎世界之潮流,合乎人民之需要"的真切的革命意志,不断思考学习而来。

1926 年春,国民军在中原、华北战斗相继失利,冯玉祥部退向察哈尔。在奉军步步紧逼下,冯玉祥宣告下野,所部交给张之江带领,自己孤身去了苏联。此时直、奉两系军阀,以北京为中心,盘踞河北、山东、河南数省,企图南下。刘镇华的镇嵩军在豫西打垮了岳维峻的国民二军主力之后,以十万之众,包围了西北重镇西安。守卫西安的革命家,总兵力不到五千人,情况十分危急。于右任电令驻防在陕西耀县一

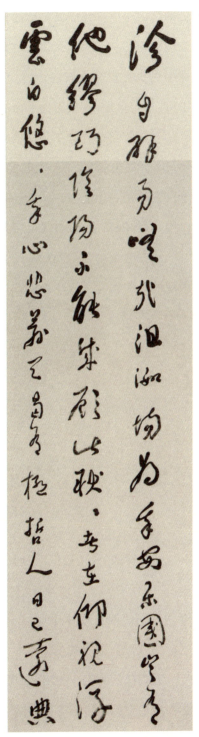

于右任作品

带的靖国军旧部杨虎城率部援救西安。由于刘镇华等敌方兵力有六万之众，西安被围困达八个月之久。在这危急时刻，中共北方区领导人李大钊，特请国民党中央执行委员于右任，专程前去苏联，敦促国民军领导人冯玉祥回国，重新出山，平定危局，完成国民革命的任务。

于右任当时匿居在皇城根的一座小寺院内，深居简出，是奉军重点通缉的要员。为逃出北京，去苏联敦促冯玉祥回国，于右任利用原靖国军官兵的关系，于深夜秘密逃出北京，抵达天津。由于此时正遭受通缉，无法在天津买票乘船出国，只得潜往上海，搭乘一艘苏联轮船经日本赴海参崴。

赴苏联途中，于右任写下多篇诗歌，多是其直抒胸臆之作，充分表达了他激动的心情和无畏的革命意志。如《舟入黄海作歌》：

> 黄流打枕终日吼，起向柁楼看星斗。
>
> 一发中原乱如何，再造可能是八九。
>
> 神京陷后余亦迁，奔驰不用卖文钱。
>
> 革命军中一战士，苍髯如戟似少年。
>
> 呜呼！苍髯如戟一战士，何日完成革命史？
>
> 大呼万岁定中华，全世界被压迫之人民同日起！

到海参崴后，由苏俄政府安排他坐火车去上乌金斯克（今乌兰乌德）。在那里，于右任受到了当地政府的热情款待，于右任有感主人的盛情，写了一首长诗，其中有"四日松林作食堂，露天大宴尤难忘""响彻云衢国际歌，天将明矣唱未央"等句，记述其事。

于右任从北京出发时，与冯玉祥约定在上乌金斯克会晤。到达后，于右任住在当地中国领事馆等候将近一月，冯玉祥才回电邀于前往莫斯科会面。7月下旬，于右任到达莫斯科，随即到郊外的差里彻罗村冯玉祥的住处与其密谈，

Yu Youren 于右任

并递交了李大钊写给冯玉祥的亲笔信。经过会谈,冯接受了李大钊提出的进军西北、解西安围、出兵潼关、策应北伐的意见。冯玉祥还告诉于右任,说自己过去没有革命的主义和方法,几十年都是瞎干,这次旅苏收获很大,很受教育。

二人会谈达成协议后,苏联政府给于右任等人安排了一些参观活动,如参观克里姆林宫、瞻仰列宁墓等,于右任有时也上街漫步,浏览市容,考察民情。当地人看到身躯高大,一副长长黑髯的于右任,都主动上前与其握手。于右任还与斯大林、莫洛托夫等苏联领导人有过短暂会面。

此时,李大钊从国内发来电报,催促冯玉祥火速归国:"国民军已从南口退却,察绥战局恶化,西安求援急如星火。"二人分头行动,各自回国。于右任8月中旬先期从莫斯科动身,经乌兰巴托南下。归国路上,于右任巧遇前往莫斯科的李烈钧,被李告知张家口已被奉军占领,须改经包头南行。于是,于右任只好穿越戈壁沙漠,赶往陕西。有一天,汽车行驶到固阳附近,恰遇一群国民军溃散的乱兵持枪抢劫,于右任一行只好冒险乘车冲出围困,掉头北折。谁知道,车行不远,竟然在沙漠中与冯玉祥的归国车队巧遇。两路人马会合,继续南下。于右任事后回忆说:"这趟旅程,对我有很深刻的回忆,很重要的启示。它告诉我,就是要在没有路的地方,走出路来!要在大沙漠中找出汽油和水来!只要干,只要有勇气,没有走不通的路、做不成的事!"

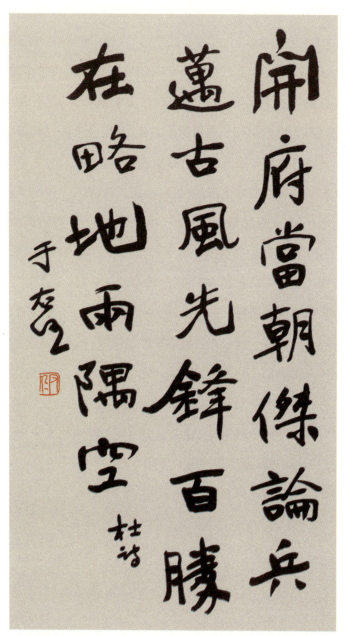

開府當朝傑論兵
邁古風先鋒百勝
在略地兩隔空

杜詩

于右任作品

第四节

五原誓师

　　1926年9月15日，于右任和冯玉祥抵达五原。五原在今内蒙古自治区的西部，当时是绥远省的一个镇（后改县）。9月17日，誓师授旗典礼在"兴隆长"车马店东边的广场举行。国民党中央执行委员会委员于右任、中国共产党党员刘伯坚、苏联顾问乌斯马诺夫、绥远省民政厅厅长邓鉴山出席了大会。广场上临时搭起一座主席台，所有部队都全副武装，城镇和郊区的老百姓也纷纷赶来参加。誓词出自于右任的手笔，由冯玉祥宣读。

　　冯玉祥将军穿着一身普通士兵服装，慷慨陈词。他列举大量事实，揭露和痛斥卖国求荣的封建军阀，勾结帝国主义列强统治压榨中国人民的累累罪行。他指出帝国主义利用中国军阀压迫中国人民，是造成中国贫穷落后的根源。他号召全体官兵响应北伐，并宣布奉行民主、民权、民生的"三民主义"，实行孙中山先生的联俄、联共、扶助农工的三大政策。他说："现在我所努力的是遵奉孙中山先生的遗嘱，进行国民革命，实行三民主义"……接着，于右任把一面北伐军旗授给冯玉祥将军。冯将大旗高擎在手，面向会场挥舞起来。顿时，会场上唱起了北伐军军歌，歌声震荡着整个会场，飘荡在塞外原野上空。在群情激昂的歌唱声中，大会发出《五原誓师通电宣言》，晓喻中外，传檄天下。大会宣布国民联军总司令部成立，冯玉祥任总司令，共产党员刘伯坚为总司令部政治部部长，全体官兵集体加入国民党。这就是震惊中外的"五原誓师"事件。

会后，根据李大钊进军西北，解围西安，出兵潼关，策应北伐的建议，冯玉祥、于右任制定了"固甘援陕、联晋图豫"的八字战略方针，放弃了冯原来制定的进军北京、经直隶会师中原的方案。为加强领导，国民联军随即建立了国民党最高特别党部，于右任、刘伯坚等十一人被选为最高特别党部的执行委员，冯玉祥、史可轩等五人被选为国民联军国民党监察委员。

出发前，冯玉祥把联军将领及其所部一分为二，将孙良诚、吉鸿昌、孙连仲、方振武、马鸿逵、刘汝明等部划归于右任指挥，并任命于右任为国民联军驻陕总司令，设临时总部于三原。于右任率领的援陕部队分两路入陕，到达乾州后，于右任以驻陕总司令的身份召开了军事会议。出席会议的有：孙良诚、方振武、吉鸿昌及其所部旅团长，苏联军事顾问赛夫林、西林等，还特邀邓宝珊参加。会议制定了由兴平迁回过渭直攻东进的作战计划，并请邓宝珊代于具体指挥解围之战。部署既毕，于右任乃返三原，积极筹建国民联军驻陕司令部。

西安之围是从1926年4月初开始的。1926年4月18日，杨虎城率领其后卫部队进入西安，从而稳定了西安战局和民心，正式揭开了西安保卫战的大幕。在这场旷日持久的守城战中，杨虎城发挥了领导核心作用。他促成建立了以李虎臣为首的统一指挥机构，他所属的部队担任的防线最长、任务最重，几次凶险恶战，他都身先士卒，英勇杀敌。守城期间，敌人离间破坏，但杨虎城始终立场坚定，处乱不惊。

解救西安的战役打响后，西安的守城军民已经听到了隆隆的炮声，期待着最后的胜利。可是，国民军的进攻遇到了敌人的顽强抵抗。孙良诚部在咸阳作战受挫，使其一度产生准备撤退的想法。当他把这一想法与苏联顾问商量时，苏联顾问严肃地对他说："孙将军，什么叫援军？西安数万军民被敌人围困了那么久，日夜在盼望我们，而我们一失利就退却，将如何面对被围困的军民？我不同意这样的计划。"孙良诚坚持要退却，苏联顾问也急了说："我没有接到退却的命令，你要退可以，但请你先把我枪毙掉，否则你就不能退。"

后来孙良诚、刘汝明等将领均按苏联顾问赛夫林的"以轻兵绕终南山、阴蹑刘镇华之后猛击之"的作战方案，并将患足疾的邓宝珊用轿子抬到前线指挥，一举攻克三桥镇，城内守军也趁机不断出击。到11月27日晚，刘镇华所部"镇嵩军"开始撤退。28日，天还未亮，饥寒交迫的西安市民，不分男女老少，一齐拥上街头，欢呼西安解围。

坚守西安之战，是在杨虎城等国民党人的领导下，在以魏野畴为代表的中国共产党人和社会进步力量的积极参与下，在广大人民群众舍生忘死的支持下进行的，并取得了最后的胜利。1930年11月28日，杨虎城出席西安各界举行的庆祝坚守西安胜利四周年大会并讲话。他说："我们坚守西安的结果，在中国国民革命的历史上，的确有极大的关系，并且占最光荣的一页。北伐所以能够早日完成和陕西民众能够由北洋军阀的势力之下得到解放，都是坚守西安的结果。当时北洋军阀长驱西进，想消灭西北上的革命势力，夺取西北的阵地，以遂其割据的野心。假使西安不守，则西北革命归于消灭，北洋军阀一定拿全副力量，抵抗南方的革命势力。那么，革命成功的路程，恐怕远得多了。因为坚守西安的结果，一方面使南方革命势力得以长足的进展；而西北革命势力，也继续膨胀，使北洋军阀的统治基础迅速地崩溃，以至于没落，使革命早日成功。"

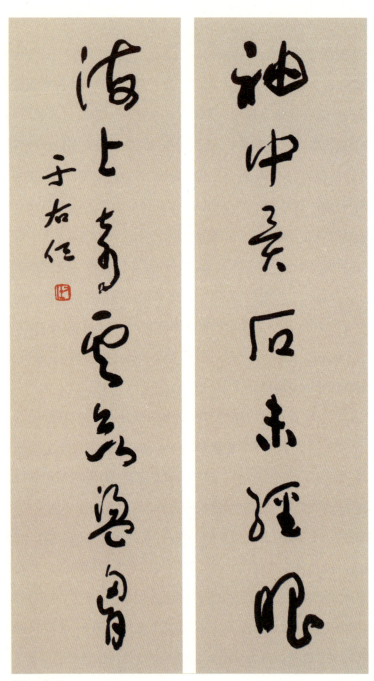

于右任作品

第五节

红色西安

　　西安之围解除后，国民联军驻陕总司令于右任、副总司令邓宝珊移入西安办公，总部机关报《国民日报》也于是年年底出版发行。驻陕总部，是北伐期间陕西的最高权力机构。实质上，它是由中共陕西党组织、国民党左派及其他社会开明分子共同组建，密切合作的实行革命统一战线的省级革命政权。1927年1月，于右任相继任命各部、厅的领导人，其正副职多数是国民党左派和中共党员，当时在陕的共产党员魏野畴、李子洲、史可轩、杨荃骏（杨明轩）、杨晓初、许权中、刘天章、陈家珍等均被委以重任，参与领导。

　　驻陕总部的中心任务，就是充分发动并组织全省民众，策应北伐，完成国民革命。于右任、邓宝珊等人认真执行革命的三大政策，真诚与共产党人合作共事，陕西国民革命运动从此蓬勃发展，取得令人瞩目的成绩。

冯玉祥到达西安后，着手建立"西北政治分会"，召开"西安军事扩大会议"，决定整饬军队，统一建制，成立国民军联军总部，积极谋划出师潼关，参加北伐。此时的冯玉祥表现很是进步，他逢人就讲列宁和社会主义，而于右任也经常在众人面前讲授其旅苏的见闻和观感，二人在西安各种群众集会上发表热烈的演说。仿效莫斯科的红场，于右任还将西安旧皇城改名为"红城"，作为全城军民集会的地点，城墙上，也刷满了于右任亲自题写的魏碑体大字标语："打倒帝国主义！""铲除卖国军阀！"国民党陕西省党部成立时，于右任大书"一切权利属于党""一切利益归于民众"十五个大字，刻石嵌入省党部大门墙壁；又横书"工农商学兵联合起来"，作为各界民众团结战斗的口号。驻陕总部还创办了中山学院（院长刘含初、副院长李子洲均为共产党员），讲授三民主义和革命理论，培养造就了一大批政治工作干部。

中共陕甘区委还协助驻陕总部创办了中山军事学校，史可轩任校长，李林任副校长兼教务主任，邓希贤（邓小平）任政治部主任。该校先后录取学员七百余人，培养了一批军事、政治骨干，被誉为"北方黄埔"。

于右任还大力发展教育事业。西安解围后，驻陕总部命停顿已久的中小学迅速开学，这一措施对稳定市面、安定人心起了一定的作用。4月，成立了以共产党员杨明轩、王绶金等五人为首的"强迫平民教育筹备会"，宣布平民教育的宗旨是："以培养国民革命实际斗争人才，实现民族、民权、民生主义，达到世界革命。"4月18日，在西安莲花池召开了声势浩大的强迫平民教育运动大会，到会群众达五万人，于右任、刘伯坚、杨明轩都在大会上讲了话。会后发表的宣言，明确提出了"教育社会化，教育革命化"的口号，还规定4月13日为"陕西教育革命节"。

驻陕总部成立后，大力扶持工农群众，积极维护工人的合法利益。在中国共产党的帮助下,总部在三原、华县等地举办了农民讲习所;驻陕总部为发展农业生产,颁布了一系列新的法令,取消苛捐杂税,减少地租。群众活动依次展开,革命气象为之一新,当时的西安,革命形势在全国仅次于武汉。仅以 1927 年的 5 月为例,先后在红城和莲花池举行了"五一""五二""五三""五四""五五""五七""五九""五卅"等纪念大会,每次纪念大会参加者数以万计,气氛热烈,情绪高昂,"打倒列强""打倒军阀""铲除土豪劣绅"等口号,响彻西安上空。于右任也应邀出席这些大会,并即席发表演说,鼓动和教育民众。妇女运动在新的形势下,也有了较大的发展。各地普遍成立了妇女协会,中山学院为了培养妇女干部,还特别开设了妇女运动班。驻陕总部还采取委派女县长、招收妇女宣传员等措施,使男女平等变为现实。

在于右任出任国民联军驻陕总司令期间(主要是在 1927 年上半年),认真执行了孙中山的三大政策,与中国共产党真诚合作,工农运动蓬勃发展,陕西出现了空前大好的国共合作的局面,是大革命时期全国革命运动高涨的少数几个省份之一。这期间于右任的历史表现,值得浓墨重彩大书特书。

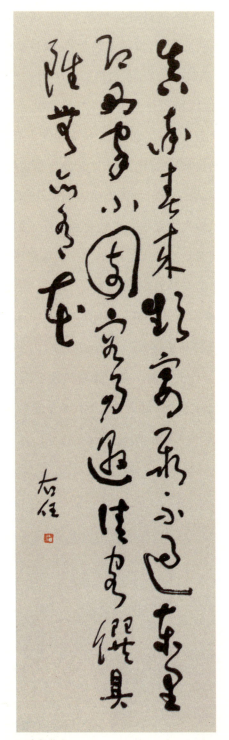

于右任作品

第六章

监察院长

JIANCHA YUANZHANG

于右任宣誓就任监察院长后，而对着亟须大力整顿的官场生态。当时，经过连年战乱，民众流离失所，生活困顿，又遭遇频繁的自然灾害，国家有难，然而官场之中，却有相当一部分人借权谋私，鱼肉百姓。于右任决意运用公权力震慑违法失职官员，维护南京政府。

第一节

宁汉合流

正当于右任在陕西将革命搞得如火如荼之时，全国的形势却发生了重大变化，上海发生了"四一二"反革命政变，蒋介石也暗中接洽冯玉祥，为更大的阴谋做准备。1927 年 5 月 1 日，冯玉祥就任国民革命军第二集团军总司令之职，第一集团军总司令为蒋介石。6 日，冯玉祥率兵出潼关作战，开始进攻北洋军阀。临行前，冯发表了致驻陕各将领书。从书中可见，冯军与于右任之间早已存在芥蒂。

早在西安解围后不久，冯玉祥和于右任之间就开始产生矛盾。于右任每有革新，冯部设法掣肘；每有决定，冯部不予执行，名为驻陕总司令，但于右任的命令对冯的部队根本没有效力。实质上，这是于右任与冯玉祥在革命意志上的差

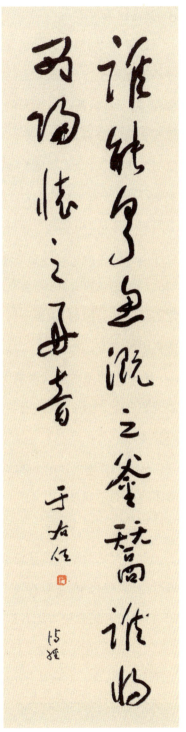

异，也与国民党内部斗争有关。于右任一气之下，托词隐居于耀县药王山古庙里，不理事务。两个月后，经各方促驾，才返回西安。但此时，陕西的形势已经发生根本变化，于右任在陕西处境困难。

1927 年 6 月，国民党郑州、徐州会议先后召开会议。蒋介石、汪精卫、冯玉祥逐步合流。于右任随冯玉祥赴郑州开会，6 月 13 日到武汉。他到武汉时，还在总政治部、第四军及汉阳兵工厂视察，并对工人发表讲演："中国革命，一个肩膀挑着中国革命，一个肩膀挑着世界革命。全世界被压迫阶级团结起来，彻底打倒一切帝国主义。"并将这些话亲自写成标语，分送各方。6 月 14 日，开封政治分会成立，撤销西安政治分会。6 月 15 日，冯玉祥明确提出，于右任已去武汉，其职务由石敬亭代理。

7 月 18 日，陕西省政府改组，共产党员全部被排挤出去，这个半年多来一直支持人民群众运动，进行革命斗争的政权被迫解散，苏联顾问被送回国，大批中共党员和爱国志士被"礼送"出境，开始了大规模的"分共""清党"活动。轰轰烈烈的陕西大革命，同全国其他各地一

于右任作品

样，就这样夭折了。

1927 年 7 月以后，国民党内形成了宁、汉、沪三个集团。此外，还有粤、桂、晋等地方势力。宁、汉双方集中了国民党中最重要的一批领袖人物，又各自掌握着一个政府，拥有一支军队，割据着一大块地盘，因而成为最有分量的势力。起初还为争夺最高权力明争暗斗，但很快地，开始在反共的基础上酝酿合流。他们为了实现"合作清党""统一党务"，进行了一系列准备和接触。冯玉祥从中牵线，与各方反复电商，于 7 月 20 日提出解决宁、汉合作的具体办法。汪精卫等表示愿意"和平统一，同意迁都南京"。8 月 13 日，蒋介石发表下野宣言，宣布辞去国民革命军总司令职务，回浙江奉化休养。1927 年 9 月，南京国民政府同武汉国民政府合并，因南京简称"宁"，武汉简称"汉"，史称"宁汉合流"。在一致的根本利益面前，中国国民党各个派系暂时联合。宁汉合流后的政府，仍称南京国民政府。

蒋介石的下台促使南京国民政府和武汉国民政府迅速靠拢，并在共同利益的驱使下，南京国民政府与武汉国民政府正式合并在一起，这就是宁汉合流的实质。

从 6 月 13 日于右任随汪精卫、谭延闿、顾孟余、孙科、徐谦等国民政府主席团成员到达武汉，至"七•一五"汪精卫宣布"分共"，再到陕西省政府改组，陕西地方政权归属国民党省政府，时间不过两个月。在这段时间里，于右任经历了一生中罕见的令人眼花缭乱、头昏目眩、复杂多变的场面。作为中山先生身边追随者、国民党元老，于右任被排挤在决策层之外，形势的变化令他无从判定，自己的意见也根本无人倾听。昔日的同盟者共产党，转眼成了全部清除的仇敌；以前的合作者，如今已经成了打击的对象；昨天还信誓旦旦地宣称要走俄国人的路，今天却撵走了曾并肩作战的苏联顾问。这位忠实执行孙中山先生三大政策的信徒，不明白这一切是怎么发生的。站在国民党内部的于右任，虽然有左派思想，却也看不透国民党已经变质，宁汉合流后的国民党，已经成为大资产阶级的代言者,离革命的初衷渐行渐远。在武汉的于右任,隐隐觉察形势不妙,8月20日,借送行汪精卫、谭延闿等人的机会,他在火车启动的瞬间,突然跳上火车离开了武汉,与冯玉祥不辞而别。

离开斗争漩涡的于右任,来到庐山暂避。他趁此机会,游览了秀丽的庐山,在游览陶渊明隐居的醉石馆时,对时局不满又无可奈何的于右任写下了"未能归去如元亮,可有歌谣似谪仙"的诗句,抒吐胸臆,以浇块垒。

9月11日至13日,宁、汉、沪三方代表在上海举行谈话会。出席会议的有汪精卫、谭延闿、孙科、李宗仁、张静江、蔡元培、李石曾、邹鲁、张继、谢持、许崇智等二十一人。宁方的蒋介石、吴稚晖、胡汉民和汉方的陈公博、顾孟余拒不出席。这次会议,通过了四项决议,其中第四项为设立监察院。首任院长为蔡元培。蔡于1929年8月29日辞职,旋任命阎锡山的亲信赵戴文为第二任监察院院长,但赵未到任。直到1930年11月18日经国民党中央第三届四中全会,始改推于右任为国民政府委员兼监察院院长,到1931年2月2日于右任才宣誓就职。

誰濺溉自由佳卉遍西方立

武碑何在彭衙謠舊痕地當倉

民治園雜詩四之一秀

聖廟石在史官村同瑞像新獲

大蒙城尚存

軍中偏有暇裕古送黃香

紅廣武將軍碑

于右任 辛十月

于右任作品

第二节

造福家乡

1928 年，于右任因为与冯玉祥政见不同，坚辞陕西省政府主席不就，只担任了国民政府审计院院长一职，主管财物审核工作。于右任在审计院的职位纯属虚职，只有签字盖章之责，无监督各方之权。所以，他在任的两年多，常到沪宁沿线名胜古迹漫游，还两次回陕参加救灾工作，其中一次在陕逗留达半年之久。

1927 年至 1929 年，三秦地区遭了天灾，百年未见的连续大旱使得当地粮食绝收，人民无以为生，饿死者一日数百。于右任的家乡三原也遭了灾，饿极了的饥民，不得不挖掘墓葬品换几文钱过活，于之伯母房太夫人之墓亦被挖掘，所以于右任在吊伯母的诗中有"发冢原情亦可怜"之句。7

月,于右任的长子望德同胡仁源(曾任北洋政府教育总长)的女儿胡瑛在上海一品香菜馆举行婚礼,于右任将各位亲友赠送的礼款充作救灾赈款。8月初,启程前往陕西救灾。他不仅将自己和夫人的寿金、长子大婚和孙儿满月过岁所得礼金悉数捐出救灾,并筹措购置粮食一百多石,募集一百一十余万元向关中二十多个重灾县发放赈灾济民。

于右任贵为民国元老,常年在外从政,但他未敢有一日忘记家乡。在他的一生中,不论如何颠沛,不论时世维艰,不论地位变化,他的心始终贴近广大贫苦群众,时时刻刻不忘家乡人民的养育,对家乡的建设和乡亲们的生活,他总是竭尽全力,出谋划策,亲力亲为。每次回三原老家,他总是详细了解乡亲们和一些穷亲朋的生活境况,并叫家人去送些款物。他自己衣着简朴,经常是一袭灰布大袍子、布鞋布袜子,人称"布衣大臣",平常小米饭、红豆稀粥、黄菜等就是一餐;他一生没给家里买过一亩地、盖过一间房,对赈灾济民,扶贫帮困却不遗余力。

早在戊戌变法失败的 1898 年,尚在宏道书院上学的于右任就参加过赈灾活动,出任粥厂厂长。他事必躬亲,尽心尽职地去做,累得生了一场病。1905 年5 月 15 日,于右任在上海创办《民呼日报》,"小报以行大声疾呼为民请命之宗旨"。当时甘肃地区连年荒干旱,饥馑蔓延。《民呼日报》连续发文揭露陕甘总督升允瞒灾不报、虚夸政绩的丑行,对甘肃的灾情作了如实报道,呼吁社会加以救助。1918 年 8 月,于右任总领陕西靖国军,驻扎家乡三原四年多。期间,陕西大旱,加上连年兵戈不断,人民生活困苦,甚至连吃盐也成了大问题。于右任下令废止食盐运销的引岸制度,放开盐禁,允许任何人任何盐都可以上市销售,使盐价大幅度下降,百姓称好。为了赈济灾民,他派人去京、沪、宁等地,奔走呼号,募集款物。由于他与胡景翼等人的共同努力,向国内各慈善团体和社会各界人士募得赈款七十万元。先后在关中二十多个县发放赈款十一次,使大批灾民得以死里逃生。1920 年,陕西又遭大旱,民众遭受空前饥荒。于右任向当局及各界报告灾情,募集捐助,抱病回陕救灾。

为了抵御旱灾,加强家乡水利建设,1921年秋,于右任支持在三原的各界人士成立渭北水利委员会,利用救灾余款,筹办钓儿嘴水利工程,公推李仲三为主任,李仪祉为总工程师,负责工程设计勘测。三原县城西关外西河湾,有一座河中岛,就是于右任为民除害兴利,以工代赈将河道裁弯取直后形成的。当时大旱不断,军民并困,无力为之。但是于右任心中老惦记着这

于右任碑像

事。1931年春,他返陕视察,仍有不少灾民。于右任捐款,以工代赈改修河道。他捐款三千元,让陕西省建设厅负责设计施工,并派出督工人员,组织附近乡民以工代赈。开挖期间,北岸出现滑坡,增加了三千多方土。督工人员电告于右任,于右任又追捐了两千五百元。开工四个月,新河道建成,底宽五米,深十米。竣工放水之日,附近百姓扶老携幼,前来观看,万众欢腾,盛况空前。新河道通水后,不但使南岸减少塌方,还增加了不少良田,大家都称颂于右任为老百姓又做了一件好事。

1929年关中大旱,于右任萌发了走科学务农之道,以改良农业,增加生产,解民倒悬之苦。为此,1930年11月,他决定以自己租族人的三百亩耕地为基础,并用公平价钱购买了外地人在当地待售的一千亩耕地,创办斗口村农事试验场,聘请农业专家杨蕴章为场长。农场分农艺和园艺两大部,一部分土地种植棉麦,一部分土地种植果树,从全国各地选先进优良品种培育推广,最初几年的经费由于右任提供,以后逐步做到自营自养。场内还先后举办了三期农技

培训班,为地方培养了一百多名农技骨干。建场之初,于右任担心他的旧属或国民党上层人员也借口兴办农工企业以谋私利,因此于 1934 年 3 月亲撰并书预立"遗嘱"请石工镌刻石碑,镶于新盖的办公楼南墙上。碑文曰:"余为改良农业,增加生产起见,因设斗口村农事试验场。所有田地,除祖遗外,皆用公平价钱购进。我去世后,农场不论有利无利,即行奉归公家,国有省有,临时定之,庶能发展为地方永远利益。以后于氏子孙愿归者,每家给以水地六亩,旱地十四亩,不自耕者勿与。"以铭其"天下为公""不置私产"之志。后来红军驻军云阳和三原,在斗口农场举办"中国青年干部训练班",刘伯承、贺龙、彭德怀等都慕名参观,给予高度评价。

1932 年春,大旱过后的陕西各地,流行一种非常厉害的疾病"虎烈拉",其实就是"霍乱"。于右任在南京得知此情后,立即派人采买十滴水、二天油、八卦丹、万金油等药品十余箱,委托夫人高仲林带回陕西进行防治。杨虎城将军得知后,也派来汽车襄助义举。不仅对泾、原重灾区如此,对发病的榆林地区,于夫人高仲林也是积极给运去了几大木箱药物。由于于右任、杨虎城等人的共同努力,大大减轻了瘟疫的危害。

除了关注民瘼,于右任还非常重视家乡的教育事业,他竭毕生精力办学,培养了一大批优秀人才。正如孙中山先生曾经给予他的赞扬:"方眼远大,深为本根。"1933 年 3 月,在于右任大力倡导下,在陕西省主席杨虎城等人的支持下,在武功县张家岗(今杨凌),创办了西北农林专科学校(今西北农林科技大学前身),推于右任为校长。此时于右任已担任国民政府监察院院长,政务繁忙,实难兼顾校务,后由其外甥周伯敏主持校务,贯彻于右任学习后稷、教民稼穑、兴办农学的方针和理念。

1935 年夏末,于右任接受三原民治学校原校长张文生、时任校长杨兴荣的建议,在该校增办了初中班,后来又决定在该校对面购地扩建。购地资金,大多都是于右任拿的钱,但在写契约的时候,他对起草人郑重叮咛道:"不要写我的名字,谨防留下祸根,不要使我的子孙将来去争夺遗产。"最终将购地者写成民治学校。最后,还请来上海的建筑公司,在三原修起了第一座两层教学大楼,十六个教室,扩建校园一万平方米,在校生一千余名,时为三原一所最大的学校。

于右任一生非常喜爱收集碑帖石刻。1924 年,他从洛阳一位古董商手中购得三百二十多块古墓志,运到北平,存放于西四牌楼菊儿胡同住宅的上房里。1935 年,于右任将这些墓志碑帖整理完毕,给陕西省主席邵力子和杨虎城发电报:"……现决送归陕省公有,在西安集中藏处,拟以将来摹拓所得之款,补助三原民治小学经费。唯存放处所,得一妥当地方,即由二公酌定。"第二年 2 月6 日,邵力子复电称:"前承慨将历年收藏碑石,捐归本省公共保存。现已由委员马文彦运省,暂存文庙。业由教育厅及考古会保管,当即专筑一室,妥为陈列。"这就是如今的西安碑林,可以说,于右任是建立碑林的第一功臣,而他自己几年后才还清买墓志所欠的债。

不止碑石,今天藏于甘肃西北民族大学图书馆的一千九百六十多种两千余件金石拓片,以及被誉称为"镇馆之宝"和研究地方史的上乘史料,均为于右任委托其女婿捐赠。于右任的捐献品中,还有一部分他自己的手稿和关中名流的稿本、手札以及明清版本、清人文集等古籍藏本,这些资料无论艺术价值还是史料价值,均堪称无价之宝。购买这些无偿捐献的文物,于右任花了巨资,但是他一辈子,从未给自己的家人买过一块地,盖过一间房子;他在台湾去世的时候,除了一些旧衣物和简单用品,剩下的就是一张三万余元尚未还清的欠条,再无任何遗产。

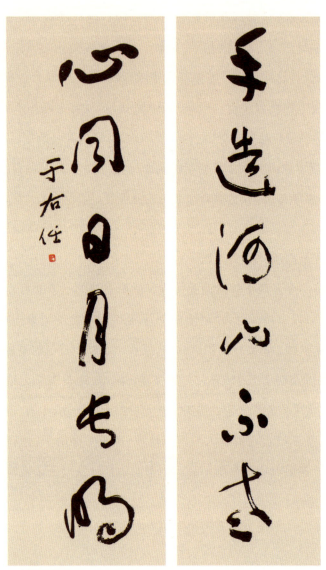

于右任作品

第三节

监察院长

　　1927 底至 1928 年初,蒋介石以退为进,先去日本,然后回到上海,积极筹划重新夺权的斗争。他通过各派之间的矛盾,推翻了阻碍自己出山的国民党"特委会",于 1928 年 2 月国民党"二届四中全会"上再次出任"国民革命军总司令"。此时的蒋介石,大权在握,独断专行,他已经完全推翻了孙中山生前确立的"三大政策",确立国民党一党专政的政治体制。

　　处在矛盾之中的于右任,此时境地尴尬。一方面,蒋介石为了利用他这块"民国元老"的招牌,对他尊崇有加,处处拉拢;另一方面,蒋介石只给了他一个审计院院长的任命,将他排除在领导核心之外。因在重重矛盾之中无法解脱,于

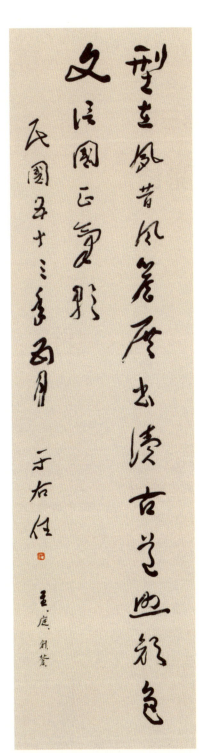

于右任作品

右任只好竭力回避现实以明哲保身。身兼国民党中央政治会议、中央执行委员会及南京国民政府及军事委员会等三个机构的"常务委员"的于右任，在不得不参加的各种会议上，除了做几句简短表态，其他概奉中庸之道，常常是在会上闭目养神，一言不发。但是回到家中，他却对家人发不完的牢骚，怪话不断。他不甘做权贵的附庸，也不愿意忍受当权者的颐指气使。他曾经说起自己与蒋介石的关系："以前是我坐着，他站着；现在成了我站着，他坐着。"

1931 年 2 月 2 日，蒋介石找到于右任，希望他能出任国民政府监察院院长。监察院是国民政府最高监察机关，依法行使弹劾、审计职权。毫无疑问，这是个非常重要的部门，起码在名义上是如此。

国民政府监察院，是孙中山"五权宪法"的产物。孙中山学习西方国家"三权分立"制度的长处，结合国内教育落后的现状，在行政、立法、司法三权之外，再加上考试、监察两权，形成所谓"五权宪法"。蒋介石于 1928 年在国民政府之下设立了行政院、立法院、司法院、考试院和监察院。监察院首任院长为蔡元培，但蔡的兴趣和精力主要还是放在教育事业上，于1929年8月29日辞职。阎锡山亲信赵戴文被任命为第二任监察院院长，但赵并未到任，只是名义上挂职。如今，蒋介石希望于右任能够担任监察院院长，因为于右任是国民党的元老，做监察工作可以服众。

国民党内部，派系众多，关系复杂，各色人等一而足。蒋介石与于右任的渊源，应该从蒋的恩师陈其美说起。陈其美，字英士，为中国同盟会元老，与黄兴一起，被称为孙中山先生的左膀右臂。于右任曾将陈介绍给家境富有的张静江，使陈有所依托，而张静江则看不起陈，责怪于右任所荐非人。后来，陈还被于右任安排在《民立报》当特约记者。辛亥革命时，也是在于右任的大力帮助下，陈在上海举事，日后成为上海都督。1916年陈其美在上海遇刺身死，于右任曾写诗哀悼："十年薪胆余亡命，百战河山吊国殇。霸气江东久零落，英雄事业自堂堂。"故于与陈私交甚笃。陈其美在日本时，认识了蒋介石，二人日后成为结拜弟兄。1907年陈介绍蒋加入同盟会，后来辛亥革命爆发，蒋应陈的电邀，回国参加上海光复之役，为陈的心腹，并循着陈的足迹加强了与新兴江浙财团的联系，为日后的飞黄腾达打下了基础。正因为陈其美与于右任曾经的特殊关系，爱屋及乌，蒋介石对于右任自然有一份尊重信任。

第四节

刷新吏治

于右任宣誓就任监察院长后，面对着亟须大力整顿的官场生态。当时，经过连年战乱，民众流离失所，生活困顿。又遭遇频繁的自然灾害，国家有难，然而官场之中，却有相当一部分人借权谋私，鱼肉百姓。于右任决意运用公权力震慑违法失职官员，维护南京政府。他主要精力用于遴选监察委员、划分各个监察区、制定监察制度，以及清理监察积案等工作，取得了一定的成绩。

在遴选监察委员这一工作上，他的确花过一番工夫，一方面要网罗学识、品德、才能俱佳的人才，另一方面还要顾及各个地区的分布。当时他确立了一条原则：用人唯才。经他提名，以耿直谏言著称的老同盟会员刘成禺、朱庆澜等人担任监察委员，形成了一股相当有震慑力的监察力量。

1931 年 4 月 16 日，监察院第一次行使职权，弹劾了违法滥刑的四川綦江县县长吴国义、违法贪赃江苏灌云县县长胡剑锋，并将他们交行政院撤职查办。对于此事，舆论界有褒有贬，毁誉参半。有人叫好，也有人冷眼旁观，认为他只敢拍苍蝇，不敢打老虎。于右任发表谈话说："一个蚊虫，一个苍蝇，一个老虎，只要他有害于人，监察院都给它以平等待遇，并不是专打掉小的而忘了大的，也不是专管大的而不管小的。"

于右任说的并非空话。他上任后，真的打了一批老虎。学者徐矛在《于右任与监察院——国民政府五院制度掇要》一文中，曾详述于右任担任监察院长之初的"打虎"成绩，其中仅 1933 年一年，被"打"的省主席就有六个。

江西省主席鲁涤平因南昌商人郭青庭承办的谷物逾期未交，便将郭送公安局扣押达一年，拒绝根据法律移交法院。监察院察知此事后，弹劾鲁涤平，致使鲁涤平受"申诫"处分。继鲁涤平之后的江西省主席熊式辉，违法在全省征收"清匪附加捐"，行政院下令停止征收，熊式辉却不领命。监察院察知后，弹劾熊式辉，熊式辉受到"申诫"处分。

浙江省主席张难先，在杭县公安局根据监察院命令查封一批依法封存的机器时，竟公开对抗，下令将杭县公安局长免职。监察院察知后，对张难先提出弹劾。弹劾通过，张难先受"申诫"处分。

热河省主席汤玉麟，面对日军进犯，不战而逃。监察院提出弹劾后，国民政府下令通缉。江苏省主席顾祝同，违法包庇已被监察院弹劾的该省民政厅长赵启骙，被监察院弹劾，其触犯刑律部分交刑事机关查处。新疆省主席金树仁，擅自与苏联私订"新苏商约"，被监察院弹劾，其触犯刑律部分交刑事机关查处。

于右任上任后，虽然战绩尚可，但实际上，面对派系林立且人治为大的民国官场，他即便手持"尚方宝剑"，行动也异常困难。上述几位大老虎，多是在下台以后才被弹劾的。那些正在台上、重权在握的高官们，就很难被弹劾。例如，

1933年，因铁道部部长顾孟余在从国外采购铁道器材时有丧权舞弊行为，监察院提出弹劾，但因为汪精卫的庇护，最后不了了之。

据统计，从1931年2月至1937年6月，监察院共提出弹劾案八百七十七件，被弹劾的公务员有一千五百四十三人；1937年7月到1947年底，共提出弹劾案八百五十五件，被弹劾的公务员为一千五百一十五人。仅1947年监察院就弹劾一百四十四人，其中包括行政院长一人、中央银行总裁一人、省主席三人、省高等法院院长两人等。虽然监察院的实际成效有限，但是能够在艰难中行进，当然与时任院长于右任的努力有关。

于右任还着手建立监察使制度，将全国划分为十六个监察区，每一区派一监察使巡回视察。于的本意，是想把监察使变成既能了解各地情况、又能行使弹劾权的"钦差大臣"。从以后执行的情况看，在蒋介石独断专行的局面下，于右任所设想的"上稽历史之因革，旁征各国之异同"的这一套监察制度，只能是空想。

到台湾之后的十五年间，于右任的监察院院长一职形同虚设，几乎无所事事。唯一值得一提的是1957年于右任弹劾"行政院"院长俞鸿钧一事。1957年12月10日于右任亲自主持会议，提出弹劾俞鸿钧的动议。蒋介石公开袒护俞鸿钧，称弹劾中所列各点，许多事不能责备俞院长个人。蒋介石还在会上当面斥责于右任："院与院之间发生争执时，可由'总统'召集有关'院长'会商解决之。我一直在等你们来报告我，让我召集'两院院长'会商解决，你们大可向我作此请求。"并且厉声斥责："为何不走这条途径？"

俞鸿钧弹劾案对于右任打击甚大。从此以后，他更加置身事外，寄情于书法、诗词。不管怎样复杂纷纭的文牍，到他手里都只批一个字，如"是""行""商""阅"等字眼，绝少用两个字以上，加上签名用的"右任"二字，批文总共不超过三个字。他最后十五年的院长生涯就是这样在台湾度过的。

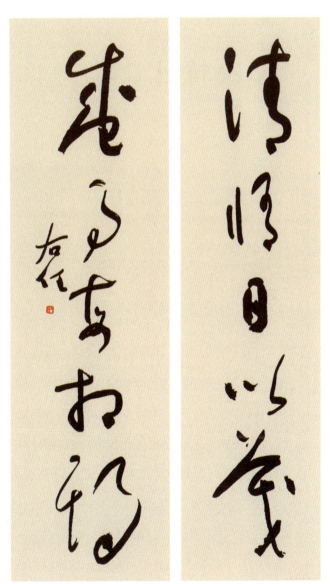

于右任作品

第五节

坚决抗日

1931 年 9 月,日本帝国主义侵占沈阳的"九一八"事件爆发,全国人民同仇敌忾,要求国民党政府迅即出兵收复失地。时蒋介石为国民政府主席,由于实行不抵抗政策,激起了国人公愤。于右任亲自去找蒋介石,要他拿主意,回击侵略。在随后召开的国民党中央会议上,于右任和冯玉祥等提出立即对日宣战,以雪国耻。

1932 年 1 月,日军侵略上海,爆发了"一·二八"淞沪战争。5 月 5 日,国民政府与日本签订了卖国的淞沪停战协定。协定一公布,全国哗然,监察院以停战协定未送立法院审议即同日方签约为由,提出弹劾行政院院长汪精卫。汪以辞职相要挟,于右任也只能一怒掼"乌纱帽"出走。后由于舆论界不断抨击汪,汪弄巧成拙,只得辞职,而于右任却被挽留。

1935 年 8 月 1 日,中共驻共产国际代表团以苏维埃中央政府和中共中央的名义起草并发表了《为抗日救国告全国同胞书》,即"八一宣言"。于右任立即与何香凝、柳亚子等公开发表声明支持拥护。抗日战争时期,于右任坚决主张团结一致共同抗日,赞成国共两党第二次合作,并且同中共始终保持着良好的关系。1937 年 8 月,应周恩来、朱德之邀,为《新华日报》题写报头。

1937 年抗日战争爆发后,于右任从南京亲赴安徽、江西、湖南、汉口等地巡慰,并发起组织《民族诗坛》刊物,以诗歌的形式宣传抗日。年底,蒋介石邀请他去其住处,征询抗战意见,于说:"抗战到底者,就是能打要打,不能打也要打!只有打,才能胜利,也必能胜利!"蒋介石听后严肃地说:"我了解于先生的意思了!"

1938 年,于右任组织监察委员赴战地视察,以身作则,置个人安危于不顾。他坚持抗战,反对内战。1940 年 3 月,汪精卫在南京成立傀儡政权,于右任在国民党中央电台先后做了《以胜利击破汪倭毒谋》和《以民族正气扑灭汪逆》的广播演讲。

1936 年 10 月 31 日,蒋介石五十寿辰,蒋以"避寿"为名,到洛阳调兵遣将,部署内战。12 月 4 日蒋介石再度飞抵西安,逼迫张学良、杨虎城两将军进行"剿共",张、杨两将军多次劝蒋停止内战,一致抗日,均遭蒋的无理拒绝,张、杨忍无可忍,于 12 月 12 日发动了震惊中外的"西安事变"。

事件发生后,国民党中央政治委员会开会决定,组成"西北宣慰团",推举于右任出任宣慰使,赴西安解决困境。此行名为"宣慰",实则为招安离间,分化瓦解张、杨,以兵不血刃的方式收一石二鸟之效果。另一边,蒋介石夫人宋美龄,也正通过英国人端纳去西安活动,说服张、杨和平解决。

于右任接受这个任命,实在是不得已。一方面,他是此行的不二人选,杨虎城将军是他早年在靖国军时期的老部下,事件又发生在他的故乡陕西,所以,他是没理由推辞的；另一方面，于右任没出发之前，就知道这一使命肯定会失败。于右任对杨虎城十分了解，知道他刚毅坚强、宁折不屈，一旦认定的事，没有商量的余地。但既已受命，也只好故作姿态给南京看看。于右任向张、杨发出了电报："中央命我入陕，因思东北与西北之将领与子弟，情均骨肉，使我动无穷之感念。而西北甫有生机之人民，此时之情，当更可悯。"还说了一些"免于战祸"，保证蒋委员长之安全等话。张、杨当日即回电于右任，说明"兵谏"是为抗日救国，是要蒋同意抗日救国的八项主张，为功为罪，听候国人的处置。至于于右任的"宣慰团"来陕，则婉表拒绝。当于右任一行到达潼关后，杨虎城派人向于右任表示：于先生执意要来西安也可以，但必须宣布取消"宣慰使"的名义，以个人身份前来。还未等到于右任到西安，事变和平解决，12月25日，蒋介石飞抵洛阳，于右任至机场迎接，蒋下飞机即对于说："张汉卿年轻，但杨虎城是于先生的部下，竟能出此，实出我之所料。"足证蒋介石对杨虎城之怨恨连带对于右任也不满。

此后，国共开始二次合作，中国统一的抗日战线达成，抗战进入新形势，全国上下同仇敌忾，共同反抗日本侵略者。1945年8月14日，在中国人民付出巨大牺牲后，胜利终于来了，日本宣布无条件投降。于右任兴奋异常，以致夜不能寐，连夜作《中吕·醉高歌》十首，付《中华乐府》发表。其中，第一首与最末一首如下：

万家爆竹通宵，人类祥光乍晓；
百壶且试开怀抱，镜里髯翁不老！
自由成长如何？大战方收战果。
中华民族争相贺，王道干城是我。

在返回南京的飞机上，追忆数十年来的往事，作《双调·水仙子》：

一拳打碎黄鹤楼，二水中分白鹭洲。

八年苦战今难受，望陵园，人白首。

旧江山浑是新愁。念不尽神明大咒，

说不清乾坤自由，听不完楚汉春秋。

抗日战争胜利后，为避免内战，谋求国共合作建设新中国，毛泽东率中共代表团赴重庆进行和平谈判。其间，于右任在其公寓特设宴款待毛泽东、周恩来、王若飞，以表钦慕之情，并申明衷心支持国共合作和平建国大计。席间，宾主双方相谈甚欢。此后，于右任听说蒋介石有企图冒天下之大不韪，软禁毛泽东于重庆的意图，他立即给蒋打电话说："蒋先生邀请毛先生赴重庆共商国是，九州尽知其诚，然而现在外面竟有传言说，先生有软禁毛先生之意。这种传言与和谈有碍。为正视听，我等准备通过报界辟谣，澄清事实。"从一定程度上也巧妙地遏制了蒋的这一邪念。

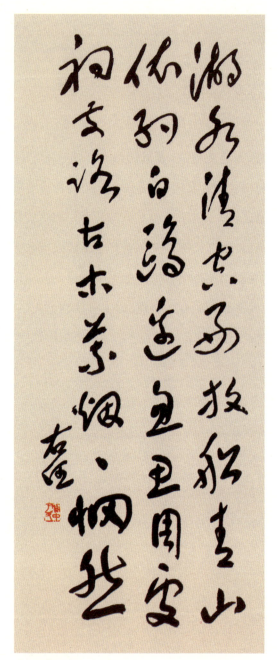

于右任作品

第七章

爱国诗翁

AIGUO SHIWENG

百年巨匠

右雄壮浑厚之美，去观出诗人的超迈意性。俗兼右典雅，明畅而又含蓄，诗有大部分，是慷慨激昂的壮歌，且曲折。其诗写得十分激昂，感情极为深沉。于诗风格可谓多元，通于右任足一个处于内忧外患异常深重时代的近代诗人，牛几多

第一节

少有诗才

　　于右任十一岁入私塾学习时，便爱好诗词学作诗词。在他少年时代，国家多灾多难，人民生活艰苦，社会上新思潮涌动，守旧势力却千方百计负隅顽抗。新与旧的矛盾，在于右任学习诗词创作过程中，留下了深刻的烙印。他早期的诗词，很多抒发自己关注民生、对时局不满的激烈感情。

　　就好像每个诗人心中都有一个屈原，于右任对楚骚精神有着独特情怀，早年即醉心屈原的作品，他曾经以"骚心"作为笔名，写过不少诗词。楚骚意蕴深广，意象美妙，艺术卓著。美人香草式的经典比兴模式，深刻影响了于右任诗歌创作。在他的《民治学校园纪事诗后十首》中有"岂料奇花为败酱，应怜异草亦含羞"，这与《离骚》"兰芷变而不芳兮，荃蕙化而为茅。何昔日之芳草兮，今直为此萧艾也"有着异曲同工之妙。

《半哭半笑楼诗草》扉页照片

他爱读《离骚》，敬佩屈原的正直爱国，也为他最后的悲惨境遇哀恸不已。早年诗作《赴试过虎牢》曾云："云乱雁声高，书生过虎牢。相持无楚汉，凭轼读离骚。黄土悬千尺，青天露一毫。回头应笑倒，歃血几人豪。"楚骚的忧国忧民情怀，以楚骚精神唤醒国魂，铸就了于右任诗歌中的爱国情怀，例如，《五月五日游三贝子花园吊宋鱼父》其一云："忍泪看天哽又言，行吟失计入名园。美人香草俱零落，独立斜阳吊屈原。"楚骚精神可谓其爱国情怀的直接来源。

于右任晚年的《远同王君世昭作屈子2300年纪念祭》一诗，更可见他一生痴爱屈原，将楚骚精神与时俱进，化为激烈的诗篇。在他日后的演讲中，他曾经对诗人提出如下要求："作一诗人，最重要的是作品与人格的一致。我们诗人要以屈原的创作精神，将诗的领域扩大起来，以屈原的高尚人格，将诗的内容充实起来，以表现发扬大时代日新又新的崇高理念。而作者本身，更要有'知死不可让兮，愿勿爱兮'的殉道精神。总之，诗人的喉舌是时代的要求，以思想来促使时代的前进，而诗人的生活，更当是实现此一呼声与思想的斗士。'余既滋兰之九畹兮，又树蕙之百亩。'此又为诗人所应有的博大怀抱。"

1903年，他出版第一部诗集《半哭半笑楼诗草》，收集了他从1895年至1903年所作百首诗词。多为批评时政、慷慨激昂之作。也因此遭到清政府的死亡追缉，从而义无反顾地踏上追求共和的革命之路。

这本令慈禧勃然大怒的诗集，到底收录了什么样的诗作，以至于政府要将作者"斩立决"呢？由于时间久远，清政府查抄禁绝，《半哭半笑楼诗草》现在早已绝版，全貌已无法见到。1929年《右任诗存》出版时，《半哭半笑楼诗草》集的作品只留下二十二首,后来他又在《右任诗存笺》的注中说:"少年作品,过火语太多,存其四分之一,为当时一段历史作证。"如今留下的二十二首"不太过火"的诗作,仍然可以窥见当年于右任爱国思想之一斑以及清政府为何穷凶极恶痛下杀手的原因。

杂　感

柳下爱祖国,仲连耻帝秦。子房抱国难,椎秦气无伦。报仇侠儿志,报国烈士身。寰宇独立史,读之泪盈巾。逝者如斯夫,哀此亡国民。蜂虿螫指爪,全神不能定。蚊虻赞皮腹,痴儿睡不竟。忧患撄人心,千钧万钧劲。为问彼何人,横臣东半径。一咸不及创,一割不知痛。伤哉亲与爱,临危复梦梦。伟哉说汤武,革命协天人。夷齐两饿鬼,名理认不真。只怨干戈起,不思涂炭臻。心中有商纣,目中无商民。叩马复絮絮,非孝亦非仁。纵云暴易暴,厥暴实不伦。仗义讨民贼,何愤尔力伸。吁嗟莽男子,命尽歌无因。耗尽首阳草,顽山惨不春。信天行者妄,避天行者非。地球战场耳,物竞微乎微。嗟嗟老祖国,孤军入重围。谁作祈战死,冲开血路飞。

于右任在这一首里,描写了国家衰亡,面临外国瓜分,民众渴求变法强国已图救亡的感情,语言激烈,情感真挚。

署中狗

署中粲尔当何用?分噬吾民脂与膏。愧死书生无勇甚,空言侠骨爱卢骚。这首诗,直指出满清官吏,把那些只知吞噬民脂民膏、毫无作为的官员比作走狗。难怪三原县令德锐(满籍)读后恨之入骨,从此将于右任视作眼中钉。

从军乐

中华之魂死不死,中华之危竟至此!同胞为奴何如为国殇,碧血斓斑照青史。从军乐兮从军乐,生不当兵非男子。男子堕地志四方,破坏何妨再整理。君不见白人经营中国策愈奇,前畏黄人为祸今俯视。侮国实系侮我民,伈伈伣伣胡为尔!吾人当自造前程,依赖朝廷时难俟;何况列强帝国主义相逼来,风潮汹恶廿世纪。大呼四万万六千万同胞,伐鼓从金齐奋起。

在《从军乐》里,于右任明确提出反对帝国主义的侵略,他不再对腐败的清廷有任何希望,寄希望于民众的觉醒和自救:"吾人当自造前程,依赖朝廷时难俟",与同一时期,《和朱佛光先生步施州狂客原韵》诗中的"革命才能不自囚"一句前后呼应,互为表里。

《兴平咏古》九首,在他所咏的九人中,独对杨贵妃大加痛伐,隐有所指:

误国谁哀窈窕身,唐惩祸首岂无因?
女权滥用千秋戒,香粉不应再误人。

当时为西太后慈禧当权,这首诗以隐晦的手法,暗指慈禧太后压制变法,一味擅权,造成国家灾难。三原县令德锐看到后,连夜上报,最后一路报到北京,这才有了日后清政府要下令诛杀于右任的事情。上面引的这几首诗,是经于右任挑选过的,都是被认为不太过火的诗,可想而知,那时于右任的诗歌,是怎样壮怀激烈,直抒胸臆!

詩篇自覺隨年老

胸次謫初栢海寬

于右任作品

第二节
爱国情怀

于右任是一个处于内忧外患异常深重时代的近代诗人，一生几多曲折，其诗写得十分激昂，感情极为深沉。于诗风格可谓多元，通俗兼有典雅、明畅而又含蓄。诗作大部分，是慷慨激昂的壮歌，具有雄壮浑厚之美，表现出诗人的超迈豪性。

得益于"关学"传统的深厚滋养，于右任诗歌的主体风格形成了豪迈慷慨、深沉厚重的艺术风格。他有许多愤慨时局、伤念民生之诗。《高陵道中》寄发深沉的感慨，一将功成万骨枯，却仍心系所向，定要"不日定关中"。《不寐》云诗人失眠，难以入睡，忧虑天下苍生、黎民百姓的生计，战场上的兵士，其忧国忧民之情溢于言表。《由耀县入三原境有感》将满腔的报国热忱和岁月匆匆的失落感表达得淋漓尽致，诗人一生为国计民生奔走不停，甘愿奉献自己的有限生命，做那无限的爱国事业。

他对爱国诗人陆游特别推崇，曾有诗句云："近来进步毫无趣，诗意凭陵陆剑南。"从屈原开始，爱国诗人的一个优秀传统，就是关心祖国的命运，体察民间的疾苦："长太息以掩涕兮，哀民生之多艰！"于右任继承了这种爱国爱民的传统，如《过南京诗》：

> 燕去堂空甲第荒，最伤心是大功坊。
>
> 犹传立马钟山日，开国威仪动万方。
>
> 虎视龙兴一瞬间，鸡鸣不已载愁还。
>
> 江山冷眼争迎送，人去人来两鬓斑。

1923 年 3 月，于右任写下《过台湾海峡远望》：

> 激浪如闻诉不平，何人切齿复谈兵。
>
> 云埋台岛遗民泪，雨湿神州故国情。
>
> 地运百年随世转，帆船一叶与天争。
>
> 当年壮志今安在？白发新添四五茎！

此诗今天读来，真使人感慨万千。

1937 年，于右任在武汉发起创办了《民族诗坛》（月刊），以诗歌为武器，唤起民众，宣传民族正气，团结抗日。董必武、郭沫若、柳亚子等许多著名诗人都有佳作在该刊发表。

1937 年底，于右任在战地视察时，见一些因战争失去父母的孤儿，心中十分悲痛，写下《战场的孤儿》四首：

一

举国愁兵火,流亡何处归?孤儿点点泪,湿透母亲衣!

二

东村屋煨烬,西郭人逃亡;吾父征胡去,何时死战场?

三

左邻小妹妹,右邻小弟弟,狂寇虏之行,居心不能计!

四

战场几孤儿,祖国几行涕;何人卫祖国,中华此孩子!

诗人用看似浅显简单的诗句,却抒发出对侵略者和战争的痛恨,对民众的悲悯,其中蕴含的深厚的感情,读之令人久久不能忘怀。

于右任出身贫苦,对于黎民百姓的苦乐,他感同身受,并常常作为其吟咏的主题。诗中对农民劳作之甘苦,生活之艰辛,天灾人祸之困苦,以及大灾过后饥民流离失所,漂泊乞食,描写生动感人,感情真挚。如 1919 年 9 月至 1920 年 3 月,陕西大旱,渭北一带泾渭两河俱涸,庄稼颗粒未收,民众吃树皮、挖草根。而此时仍兵连祸接,军民皆以为苦。

郊 行

芳草复芳草,战场连战场。自然生涕泪,何况见流亡!

麦槁天无雨,坟增国有殇。炊烟添几处,讵忍说壶浆。

闻乡人语

兵革又凶荒,三年鬓已苍。野犹横白骨,天复降玄霜。

战士祈年稔,乡民祭国殇。秦人尔何罪?杀戮作耕桑!

1925 年,他因事赴河南,路过黄河北岸,写就《黄河北岸见渔翁立洪流中》:

劳者无名逸有功,便宜毕竟属英雄。

世人都道河鱼美,不见渔翁骇浪中。

为满足达官富贾的口腹之欲,渔翁不得不立在奔腾咆哮的黄河浅水中,赤手空拳捕捉野生黄河鲤鱼,以换取少得可怜的一点生活之资。那些吃鱼的人,哪里知道鱼儿都是渔夫用命换来的呢?

于右任的诗中,怀念或题赠亲朋故旧的诗,亦占相当数量,这些诗句,信手拈来,真情流露,感人至深。1910 年,此时于右任还是被政府通缉的要犯,他冒险回家,为死去的父亲料理后事,写诗数首,皆人间至情至性之流露,如:

去岁省亲病,潜行入关内。儿留亲不安,亲老儿莫侍。

今岁复归来,徒洒孤儿泪。牵车古所哀,守墓今非智。

麻衣殉墓中,匆匆避缇骑。月明思子台,往来惭无地。

为念诸故人,纳亡多高义。余生报无时,中夜不能寐。

1922 年初,于右任女儿出嫁,这本是家中大喜事,可是当时靖国军状况危急,部队被分化收编,只靠杨虎城等人的支持在武功一带苦斗。于右任因军政丛集一身,无暇为女主婚,故请夫人高仲林送女赴京完婚。行前,舐犊情深,以诗陪嫁:

一

春风苏百草,送尔出关门。遇合从儿愿,追随念母恩。

家庭新创造,文学旧思存。应念空山老,诗笺印血痕。

二

世人如问我,勉强说平安。百战身将老,三年枕未干。

秦兵仍奋激,民党更艰难。素蓄澄清愿,时危肯自宽?

三

海上攻书日，关中省父时。岁饥兵不饱，女大嫁因迟。

多事添媒妁，无端累义师。人心未可测，究竟有天知。

四

汝婿亦奇士，青年多美誉。忧同屈正则，事类申包胥。

至理无贫贱，浮云有卷舒。进修齐努力，嘉耦复谁如！

嘱托叮咛，款款深情，愧疚之意，无限祝福，尽在诗中。

第三节

诗坛巨匠

　　于右任在诗词上的贡献,除了留下的两部诗集,其对诗词创作理论也做了许多独到的工作。

　　关于诗体的变革问题,于右任根据"诗言志"的定义,主张诗歌应随时代的进步而有不同的变革,眼下已到了"创为新诗"的时代。这既说明他对待新诗的态度,也体现了他对时代变革的期许。他说:"我们的诗,三百篇后,由汉魏而六朝,一少变,至唐而变生多体,变也,宋词,变也,元曲,变也。每一变的初期,皆为诗体的解放,内容的扩大。但是到了后期,都一反其势。明清两代承其绪而因其体,作家辈出而创造者少,格律益严,去民间益远。我们的古人,给诗下的定义,是'诗言志',我们的诗教是兴观群怨,所以古有采诗之官,因其诗而知其志。民之所好好之,所恶恶之,以期由此而日新政风。从这里我们可以看出,所谓诗者,是大众言志的工具,而不是一部分人的怡情玩具。而每一次的变,都是一些豪杰之士的一种革命运动,是想把加上去的脂粉刮掉,枷锁打开,而恢复诗的本来面目,自由精神。但是到了后来,都是去了旧的脂粉,换了新的脂粉,解了旧的枷锁而套以新的枷锁。民国以来,一些学者创为新诗,新诗的成功与否,是另一回事,但这种精神是可嘉的。所以自新体诗兴,旧诗的光彩,已逐渐暗淡,仅赖宿学者起而维持之,姑存一格耳。"

关于诗的体裁,于右任认为首先需解放思想:"诗的体裁,必须解放,伟大的天才,伟大的思想,决非格律所能限制的。即以李杜而论,我觉着,他们伟大的成就,是他们的长歌,他们的新乐府,他们的崇高地位,不是作风美备,而是对于前代诗风的革命精神,而是由于这种革命精神所产生的领导作用。假使他们不在这条路上发展,而仍走前代的道路,他们也不过清新如庾开府、俊逸如鲍参军而已!近人作诗,动言效法李杜,我认为真的效法,应当效法他们的这种革命精神。无论如何,我们应当拿诗的格律来适应我们的思想,不可拿我们的思想来适应诗的格律,犹之,我们当因脚的大小来做鞋,不应当因鞋的大小来削脚。但是古今作者,能完全自由运用以'言志',而不犯'削足适履'的毛病的,纵不能说是根本没有,恐怕有也太少了。'言志'应该是一件乐事,为什么要把他变成一件苦事呢?这样不晓得埋没了多少有思想、有天才、很可以产生伟大的诗篇的作者,这真是中华诗坛的不可补偿的损失!"

于诗的体裁异常丰富,古体近体,均存有许多佳作。于右任诗歌,以古体和七律见长,绝句和律诗的艺术价值很高。于诗的创作特征,还体现在用典之上。他能够灵活运用典故,增加诗歌的内蕴,异域典故的增添,使人耳目一新,极力展现出于右任诗歌的擅长之处。在意境创造方面,于右任有着深刻的体会。1946年重阳节,清溪诗社集会于紫金山天文台,于右任和罗家伦曾谈论到该问题。"于先生言:诗的意境须与自然契合,杜诗云:'吴楚东南坼,乾坤日夜浮,'

于右任作品

状洞庭之浩瀚无际；'造化钟神秀，阴阳割昏晓'，状泰岱之雄伟峥嵘。今登紫金山，恨未携谢朓惊人句耳！"罗家伦说："写诗首重观察……先生之作，物我为一，弥见风骨秀整矣。"于右任曾尝试运用旧格律创造新意境，例如《从军乐》《吊李和甫》《善哉行》等诸诗即是有益的尝试。

在诗歌形式上，于右任还能够大胆尝试歌行体，影响深远。诗人受到"世界革命"影响，在诗歌形式上做了尝试和创新，充分借鉴歌行体"感情涛涛滚动，一泻千里"的特点，大胆革新，形成了一种新的"歌体诗"。例如《元宝歌》《红场歌》等，诗句长短不一，打破格律限制，易于吟唱，便于传播，为中国诗歌的发展开拓了新的天地。

于右任的白话诗，不仅通俗易懂、朗朗上口，而且寓意深刻，深受广大群众的欢迎。于右任经历过"诗界革命"，受其影响颇深。于右任在其创办的各种报刊上发表过众多诗作，语言通俗，形式革新，情思浓烈，意境非凡，这是当时顺势而做的尝试创新，具有一种探索的艺术精神，其艺术创作特色应引起关注。

于诗的语言主要得益于熟练使用大量的新名词和通俗、自由化的特点，如《入欧洲后感怀》《舟入大彼得湾》《莫斯科杂诗》等四首，于右任以"卢骚""地球""尼古拉斯""安重根"等新词，灵活运用，开辟了新意境。至于语言的口语化和通俗化，于右任的《布蒙共和国立国五年纪念歌》一诗语言自由浅易，节奏感很强，明白晓畅。如1939年元旦发表的《论政治家与抗战》的结束语，就是用白话写的诗：

四万万同胞齐起来，效忠祖国，前进，怒号！粉碎明治遗策，胜利之路非遥。那里弥漫着全人类的欢呼，响彻云霄，那里放出了历史的光芒，永久在照耀！在今年：这个充满着希望的新年里，我们要吐气扬眉，伸一伸我们伟大民族的怀抱！

1940年，汪精卫在南京成立了傀儡政权，在日寇的卵翼下，破坏抗战，于对此极为愤怒，4月14日在中央台发表题为《以民族正气灭汪逆》的广播讲话。在讲话里，于右任号召各界团结起来，向日本军国主义和汪伪作坚决的斗争：

一

文艺界的同人们，握紧你们锐利无比的笔，写出刺刀炸药一样的字句，向着倭汪狂刺，向着倭汪猛袭。

二

前线的战士们，瞄准你们的枪口，加紧你们的火力，将倭汪在民族战争的血泊中淹死。

工人农人同胞们，你们举起铁锤，用尽臂力，一锤一锤将倭汪毫无怜惜的锤成死泥。你们提锄头，紧握镰刀，拿出最大狠心，将倭汪连根带蒂的一齐砍倒！忠勇的同胞们，举起民族正气的旗帜，高扬民族正气的歌声，洗去历史的污点，扫除腐臭的垃圾，欢呼民族的自由，共庆祖国的战胜！

第四节

百年一人

于诗的艺术成就突出,许多著名文人评价甚高。于右任的绝句内蕴深厚,自然浑成,无雕饰之气。代表作品有《赠茹怀西》《度陇杂诗》五首、《陇头吟》《咏木棉》等,意境或清隽精微或沉郁雄壮、辞采或雅爽朗圆或含蓄朴实。律诗堪为他的代表作,数量较大,意境浑厚,精于格律,常显杜诗之气。代表诗篇有《马关》《洛阳怀古》《同渔父作》等,工于发端,巧于结尾,善于对仗,琢句精工又不过分雕饰,具有较高的功力。

柳亚子在《〈右任诗存〉题词》中说:"卅年家国兴亡恨,付与先生一卷诗。"充分肯定了其诗歌的时代内涵,认为其诗反映中华民族近代史实,具有"诗史"价值。他又在1949年前评价近代诗人时指出:"国民党的诗人,于右任最高明。"姚雪垠也指出："国民党中也不乏诗人，……例如于右任，……写了不少七律诗，寄托很深，艺术锤炼也好。倘若这一类作品在现代文学史适当论述，不仅使文学丰富了内容，也会在海外产生积极的政治影响。"又说："真正好诗，必须克服内容上和技巧上两种缺点，做到既有时代特色的生活内容和高尚而新鲜的真实感情，而又有纯熟的艺术技巧，做到内容好与形式美和谐统一。在现代写旧体诗的诗人中能够达到这一标准的诗人大概是少数，而于右任不仅是其中之一，还应该放在较高的历史地位。"章士钊认为，于诗"壮有金戈铁马之音，逸亦极白鸥浩荡之致。于诗苍凉悲壮，劲直雄浑，而回肠之气，感人至深"。周明如是说："(于先生的诗歌)是一部凝结中华近代史的史诗，它再现了先生那颗炽热的爱国、爱民之心，坚贞不渝的救国救民之志，刚直不阿的高尚品格。"柳亚子等人不仅充分肯定了于右任的诗歌成就，而且指出了其诗学渊源。于右任作为近代诗歌史中较有影响的诗人，可谓实至名归。

重庆谈判期间，毛泽东与于右任曾在一起畅谈诗词。1945 年 8 月 28 日，毛泽东到重庆谈判，1945 年 8 月 30 日即与周恩来由山洞林园赴城内拜访于右任，正好于右任因公外出，未能见面。当天晚上，张治中在桂园为毛泽东举行宴会，并邀请了于右任、孙科、邹鲁等人前来参加。时隔多年以后，毛泽东终于与于右任又见面了。

1945 年 9 月 6 日中午，于右任设午宴招待毛泽东、周恩来和王若飞，并邀请张治中、张群、邵力子、丁维汾、叶楚伧等人出席作陪。短短几日，于右任与毛泽东已经是第二次见面。由于毛泽东和于右任二人志趣相投，都喜欢诗文，在宴席上，两人就聊起诗文来了。在谈话中，于右任对毛泽东的《沁园春•雪》极力称赞，对该词的结句"数风流人物，还看今朝"尤为赞赏，认为是激励后进之佳句。毛泽东却道："怎抵得上先生'大王问我，几时收复山河'之神来之笔。"原来，于右任参观成吉思汗陵墓时曾赋《越调•天净沙》："兴隆山上高歌，曾瞻无敌金戈，遗诏焚香读过，大王问我：几时收复山河。"说罢，于右任与毛泽东皆抚掌大笑，举座皆欢。毛泽东与于右任都熟谙诗词，如果说能对古人的名作即兴拈来则不足为怪，可他们都能背诵对方的诗词，二人学问之博，对彼此诗词艺术的惺惺相惜，真令人不得不叹服。

对这两位旷代诗人，"南社"盟主柳亚子先生有个评价，他说："国民党的诗人，于右任最高明，但篇幅太少，是名家而不是大家；中共方面，毛润之一支笔确是开天辟地的神手，可惜他劬劳国是，早把这劳什子置诸脑后了。"柳亚子的这个看法，颇有见地，既是诗艺之论，也是对两位大诗人的诗登殿入堂之评。

于右任作品

第八章

一代草圣

YIDAI CAOSHENG

于右任先生的书法艺术，中外书界的专家学者曾有许多评论，将于右任先生独特的书体称为「于体」，更由于他的「标准草书」标准而美丽，尊他为「当代草圣」。在中国书法历史上被称为「二体」的并不多见，尊为「草圣」的更是寥寥无几。而于右任的书法被认为，二者兼备，评价之高，实为难得。

第一节

醉心碑学

文化艺术,除了与艺术家的天赋密切相关之外,还必定受其所处时代的深刻影响。于右任的时代,是一个旧的秩序即将打破、新的秩序又难于建立的社会大变革时期。于右任本人,就是一位极具变革性格的人物,他以极大的热情,毕生的精力投入到这场历史变革的洪流之中。"为天地立心、为生民立命、为往圣继绝学、为万世开太平"(张横渠语)可谓是他一生的使命。综观于右任的一生,在学术和艺术成就上,他用力最多、最广为人知,也最为后世尊崇的当为书法。

于右任从光绪十六年(1890)十一岁开始,在毛班香私塾里从太夫子毛汉诗学草书,练习王羲之的《鹅字帖》,是为习行书、草书之始。当时清政府尚未废除科举,读书人写字,要求的是要端正,以符合写考卷的要求。当时的考官一般年纪较大,总喜欢字形工整平稳的楷书卷子,所以,少年时代的于右任,以习楷书为主,学草书仅属"客串"性质。毛班香是关中有名的塾师,他深谙楷书是学习各种书体的基础,他教的学生,习字都是从赵孟頫的"千字文"学起。赵体形态平稳、工整,结构搭配匀称、端正,章法形式整齐、清朗,是理想的书法教材。由于楷书是一种要求相对工整端庄的书体,使人的个性展现受到了较大的束缚。于右任倡导标准草书,将历代草圣千字汇集整理出版,供人摹写,自己又手书标准草书千字文,以为习草圣千字文的参考。凡此种种,皆由受少年时代习赵孟頫的"千字文"的启发而来。

民国初年,于右任在上海创办图书公司,因为业务关系,他经常与沪上一些学者名流相往来。正是在这个时期,于右任开始对碑帖典籍有所涉猎。从一些收藏家和书商那里,于右任见到了许多"庙碑""造像记""诗刻""题刻""墓文""墓志""墓表"等北朝碑帖。他被碑帖那种遒劲峻拔、庄重茂密的北魏体吸引,产生了极大兴趣。他开始下功夫研究北魏书法,并进一步体会到北魏碑体在我国书法史上占有突出地位的原因。从现存于右任民国初年的书品上,人们可以很容易看出,从这一时期开始,他的书法风格为之一变,从颜(真卿)、柳(公权)、欧(阳询)、赵(孟頫)四大家的墨迹中跨了出来,专崇北魏体。

北魏是我国历史上南北朝时的一个朝代,前后延续171年。当时北魏的统治者崇奉佛教,因而佛教盛行于北朝,佛教徒造像建塔,立寺修庙以及大修各种功德,加上随葬时的墓志等,留下了大量的碑记石刻。从1921年以后,于右任在其繁忙的公务之余,有意识、有计划地开始对碑学做更加深入的探求和研究。从1921年10月的"人道自由"对联,一直到1930年3月的《秋先烈纪念碑记》这十年的作品看,他几乎是每年一个变化,甚至一年之中有几次变化,说明这十年之内于右任在有计划、有目的地一步步推进其书法艺术。正如先生所云:"朝临石门铭,暮写二十品。辛苦集为联,夜夜泪湿枕。"临习之勤、之诚、之执着可见一斑。不仅如此，他案头经常放置的还有《瘗鹤铭》《爨宝子》《郑文公》《张黑女墓志》《曹子建碑》《夏承碑》《华山庙碑》《曹娥碑》《三公山碑》《封禅国山碑》《衡方碑》《嵩高灵庙碑》等，这些仅是碑石的拓本。还有他从洛阳等地商贾之手购买的《鸳鸯七志》，以及民间散落的大量碑石，其收藏数量之多，令人瞠目结舌。仅墓志原石就达一百五十九方，连同其他碑石共计三百八十七方之多(后全捐与西安碑林)。由此可见，他当时为挖掘研究北碑所付出的心血。

于右任专崇北魏体，醉心碑帖研究，与其所处历史时代有关系。早在清代早期，满清统治者为了巩固政权，大兴"文字狱"，许多文人士子迫于无奈开始转向金石考据、碑学研究。到清代中晚期，渐渐形成一股潮流，出现了金农、郑板桥、邓石如、伊秉绶、陈洪绶，吴熙载等一大批崇尚碑学的书家。在以阮元、包世臣、康有为等为代表的三位书法理论大家的推波助澜下，碑学终成为势不可挡的历史潮流。阮元著《南北书派论》《北碑南帖论》。他的两论尊碑抑帖，倡导书家直接取法六朝碑版。包世臣的《艺舟双楫》在阮元的"两论"基础上进行了进一步阐释和发展，大力推崇北碑，提出"万毫齐力""五指齐力"的运笔论，基本建立了以篆隶、北碑笔法为核心的书论体系，为碑学理论奠定了基础。康有为则更加激进，他的《广艺舟双楫》独尊北碑，同时又大力提倡对北碑的改造。因此自清道光以来书坛一改赵孟頫等人因袭的"帖学"靡弱风气。"三尺之童，十室之社，莫不口北碑，写魏体"(康有为《广艺舟双楫》语)，这几乎影响了清以来大多数书法艺术的追求者，于右任也不例外。在他的书法生涯中，我们可以看到碑学对他影响的深刻程度。

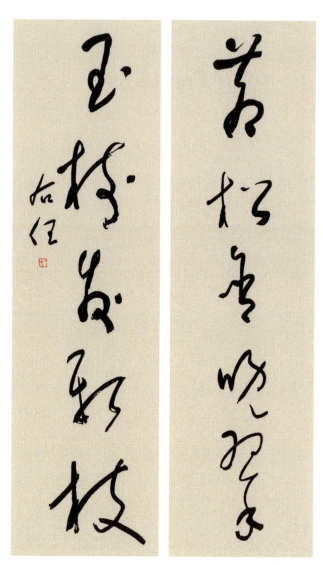

于右任作品

第二节

创立"于体"

"一切须顺乎自然。平时我虽也时时留意别人的字,如何写就会好看,但是,在动笔的时候,我绝不是迁就美观而违反自然。因为自然本身就是一种美。你看,窗外的花、鸟、虫、草,无一不是顺乎自然而生,而无一不美。一个人的字,只要自然与熟练,不去故求美观,也就会自然美观的。"这段话,是于右任阐述书法的意义及自我对书法的认知。他认为书法是自然的艺术,书法的继承和发展,也是自然而然的事情。

青少年时期的于右任,最初接受的仍然是二王和赵孟頫一路的帖学练习。四十二岁之前,他对书法的学习基本局限于帖学领域。这虽是一个较被动的学习时期,但却非常重要,这使他既学到了帖学书写技能,奠定了坚实的帖学基础，又为他在日后学习北碑增加了总体取舍和把握的能力，从而避免了由于欠缺帖学素养而碑体过于刚狠板刻，以及局促生硬等书写弊端。

于右任为了研究魏碑，保护古代的碑刻，曾呕心沥血，不惜代价。他买魏碑，有些古董商索价过高，他身边的人认为应该还价。他说："这些碑石，上海的日本人和走私商都在收买。你如勒价过紧，他们就会卖给那些人。"那时他任监察院院长不久，随从人员建议他对盗卖者进行严办，他说："政府并没有说不严办，可有什么用？你们不要为了爱惜钱而见小失大。要是对这些人摆出一副有权势的架子，也只能做一次买卖，以后他们就吓得不再来了。你们好好想想我的话吧！"

他花了无数心血和巨大代价购买的这些碑刻，对他研究魏碑起了极大的作用。凭着他的天赋，博采众家之长，融会贯通，加上勤学苦练，日渐成熟，自成一家。于右任的魏书，既有婉约劲挺，凝练绵邈，古拙峻削，偶觉锋利，静穆闲逸，盘曲滞

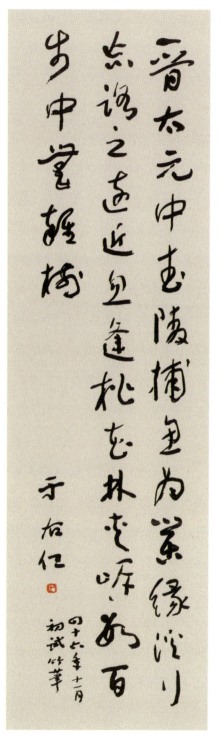

于右任作品

涩,流丽典雅,又有他自己的龙腾虎跃,跌宕多姿,大气磅礴,雄健雅致,运笔纯任自然,不拘泥于绳墨间,体兼众美,已达化境。所以在学魏碑的诸家之中,脱颖而出。他独树一帜,雄视书坛,睥睨众家,形成"于体"。

自成一家,成功主要有三个方面的基本成因,这三个方面也昭示了于右任书法审美价值的历史意义。其一,独特的习书方法和书学观念。他曾反复申述他的这种独特方法和主张——"学书法不可不取法古人,亦不可拘泥于古人。""写字无死笔,……一有死笔,就不可医治了。""临是临别人的,写是写自己的;临是收集材料,写是吸收消化。"他的作品,即使是楷体,也不易见到一般习碑者往往难以避免的生硬呆板的"棱角",下笔简直,行笔率意,结体磊落坦荡。如此举重若轻的取法,与以描摹碑石之刻痕为能事的迂腐之辈,不啻天壤之别。其二,中年以来,他以其深厚的功力而"胆大妄为",致力"碑楷行书化"和"行草书北碑化"的探求。在他笔下,碑体楷书的行书化和行草书的北碑化,就是他这种"自然观"的直接反映和成功结果。其三,标准草书的倡导与实践。于右任倾其大半生的心血致力于标准草书的研究与推广,用他自己的话说,就是"为过去草书做一总结账",这是他中年直到老年最大的使命和心愿。

于右任在楷书上取得的非凡成就,其意义极为深远,为他日后行、草书艺术的发展铺平了道路。他在楷书研究成功的同时,行书也在自然地转化与提升。对照他许多同一时期所作的楷书与行书作品时发现,他在研究楷书的同时将楷体进行了自然轻松的行书化演进。

于右任的行书,从美学境界来讲是高于楷书的,从他较多的传世作品中可以证明。1932 年 11 月,由上海友声文艺社出版的《右任墨缘》(上、下集),里面收集了于右任这一时期的大量行书精品。

第三节
标准草书

于右任并没有以能写自具面目的魏书为满足，他不同于其他名家的伟大之处就是不故步自封，在一览北碑精华后，逐渐步入到写草书的时期。

于右任致力于草书研究投入的精力最多，花费的时间也最长。他在研究草书的过程中大致有三个较明显的转化阶段。1927—1939 年为搜集整理阶段，1940—1949 年为创建完善阶段，1950 年以后他的草书已达到了平淡自然，"天人合一"的自然升华阶段。最终形成了成熟的"于体草书"。

草书有章草、今草和狂草之分。于右任初期草书，沿袭他写魏书的那种磅礴之气，用笔险劲峭拔，大刀阔斧。随着年岁渐高，他后期的草书，渐入宁静恬淡之境，不求态而态

于右任作品

美，不着意而意境横生，随意挥洒，心旷意远，信手拈来，皆成佳构。

于右任在书法上之所以能登上当代"草圣"的巅峰，并非仅仅依靠他的天赋，更是因为他锲而不舍的精神。他说："余中年学草，每日仅记一字（即每日一个字写无数次），两三年间，可以执笔。此非妄言，实含至理；有志竟成，功在不舍，后之学人，当更易易……"这与他的老友制印大师吴昌硕所讲的治印心得完全一致。吴昌硕说："予少好篆刻，自少至老，与印不一日离。"拳不离手曲不离口，伟大的艺术家莫不是从勤奋中来，只有数十年如一日地辛勤耕耘，才能最终迎来百花齐放，硕果累累。

于右任最为人称道的书法贡献之一，是其将草书标准化。与一般书法家不同,他不以个人掌握了书法艺术的奥秘为满足,他认为艺术是属于大众的,"文字乃人类表现思想、发展生活之工具。其结构之巧拙,使用之难易,关于民族之前途者至切!"为了解决汉字难认难写的问题,为了"求制作之便利,尽文化之功能,节省全体国民之时间,发扬全族传统之利器",乃取百家草书之长,创立标准草书,其目的是"能以接受我国数千年的文化而使之发扬光大,并为子子孙孙每人每日优裕(节省)许多的时间,以增加其事业的程效"。

这是一项艰巨的任务,正因其艰巨,故历史上无人做到。于右任从1927年大革命失败后,就开始考虑草书标准化的事情,经过研究与思考,1932年他发起创立了标准草书社,欲将草书标准化,以恢复其文字功能。其时,他利用在上海办报纸的条件,开始在各报刊登征集草书的告白,以为研究做前期准备。

本着标准草书的四大原则:易识、易写、准确、美丽,于右任广为收集历代草圣及书法大家的草书,尤其是散见于各种丛帖和零章断缣的王羲之和王献之的草书,然后每一帖作一比较,择其善者而用之。后来,他自己再三推敲,发现"二王"草书虽美,但在草书的组织结构上,有些字当时以及后来的书法家,都还有更进一步的写法。于右任毅然推翻了即将成书的"二王"法帖,总结经验教训,真正进入到标准草书研究的新阶段。经过于右任主持的标准草书社几年的努力,一本印刷精良的《标准草书》终于在1936年7月由上海汉文正楷书局出版发行了。于右任考虑到例解不甚完备,仅印五百册,以为征求意见之用。1937年第二次修订本甫告完成,因抗日战争爆发,未及印行。1942年,《标准草书》第五次修订本在重庆出版,付印前,于右任将全文手临一遍,以为读者示范。其手书《千字文》亦由说文社同时印行。

《标准草书》正式发行后,他在自序中说:"今者世界之大,人事之繁,国家建设之艰巨,生存竞争之剧烈,时之足珍,千百倍于往昔。""就时间论,大禹惜寸阴,陶侃惜分阴,'时乎时乎',其为圣哲之宝贵也如此!乃知吾人今日之所当惜而尤当争者,以分寸计之,已为失算!故此后国家民族亿万世之基,皆应由一点一画一忽一秒计起；人与人，国与国之强弱成败，即决于其所获得时间之长短多寡。文字改良，虽为节省时间之一事，然以其使用之广，总吾全民族将来无穷之日月计之，岂细故哉！"可见，于右任倡导标准草书的目的在于实用，并非纯为书艺。

《标准草书》收集了从东汉末年起，到清代的一百五十四位书家的字为母体，共一千零二十七字，选用的书目达二百二十三种，遍及各朝的丛帖、单帖、零章、汇编及千字文等，其中选用最多者是东晋的王羲之，为二百二十三字，其次为唐朝的怀素和尚，为一百三十六字，其他被选用者几乎涵盖历朝书家，其中仅选一字的就有刘墉、张照、郑虔、张旭等人。

《标准草书》一书在于右任生前，共修订九次，第十次修订本未及完成，先生溘然逝世，因而第九次本，遂为于先生最后之修订本。于右任还自题《百字令·题标准草书》词一阕，冠于篇首。词云：

　　草书文学，是中华民族自强工具。甲骨而还增篆隶，各有悬针垂露。汉简流沙，唐经石窟，演进尤无数。章今狂在，沉埋千载谁顾？试问世界人民，寸阴能惜，急急缘何故？同此时间同此手，效率谁臻高度？符号神奇，髯翁发现秘诀思传付。敬招同志，来为学术开路。

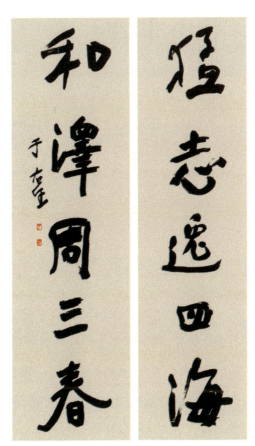

于右任作品

第四节

书史丰碑

关于于右任先生的书法艺术，中外书界的专家学者曾有许多评论，将于右任先生独特的书体称为"于体"，更由于他的"标准草书"标准而美丽，尊他为"当代草圣"。在中国书法历史上被称为"一体"的并不多见，尊为"草圣"的更是寥寥无几。于右任的书法被认为二者兼备，可见评价之高，实为难得。

于右任是"一代草圣"，同时也是当代书品为数最多的书法大师。从民国初年起，迄1964年在台湾逝世为止，半个多世纪里，其书品之多，数以万计。于右任一生写得最多的条屏是"为万世开太平"，有一两千幅之多。这是他的心声。尽管求字者众多，但于右任不管怎样忙或身体欠安，他都不要别人代笔,不论求字者为谁,一律亲自书写,以示尊重求字者。平民百姓,"贩夫走卒",不问其身份、地位若何,每有所求,几乎来者不拒。于右任认为,写字是一种运动,也是一种乐趣。由于求他写字的人很多,他每天常常要写三四十张纸,虽然劳累,但却乐此不疲。他写字如同他简朴的生活一样,没有什么特别的习惯,唯一考究的是绝对不用墨汁写字,必须现磨(墨)现写,而且一定要用开水磨。著名学者罗家伦有首七绝形容他写字时的神态:"拂须卷袖画中身,取墨频呼更入神;此是前生欢喜债,行藏围满索书人。"1941年,他视察甘肃、青海后路过西安时,一位青年军官在与于先生欢谈的气氛中,趁机代西安王曲军校的下级官兵提出请他写一百幅字屏的要求。于右任问明情况后说:"他们为国辛劳,应该写,应该写。我在西安不能写,等我到重庆写好了带来。"他回到重庆稍事休息后,即写好一百幅条屏,还自己掏钱裱装成轴送到西安。

作为大家的于右任,主张"有志者应以造福人类为己任,诗文书法,皆余事耳。然余事亦须卓然而立。"他的追随者遍布海内外,可谓桃李满天下,甚至日本都有其崇拜者。日本书法家金泽子卿,本名重夫,字仲厚,号子卿,自称于右任门人东瀛第一个。1924年生于日本群马县高崎市。他"天资英敏,秉性敦厚",少年时代即喜好中国书法篆刻,二十二岁时拜日本当代著名书法家手岛右卿为师,学习中国书法。1962年通过于右任弟子李普同的介绍和邀请,他带了自己书法作品赴台湾参加了于右任八十华诞所举行的"中日文化交流展",并受到于右任的亲切接见。当时于右任看了金泽子卿的书法作品后说:"此人书有根底,风格厚道。"并喜纳为徒,实现了金泽子卿的多年愿望。1968年,金泽子卿与夫人及书友组成访问团,又一次赴台湾访问,当时于右任已去世四年,他在李普同带领下,到于右任墓地祭拜并成诗一首:

坟草茫茫亦可怜,报恩未就慰黄泉。

关中于老永眠处,白首门生哭墓前。

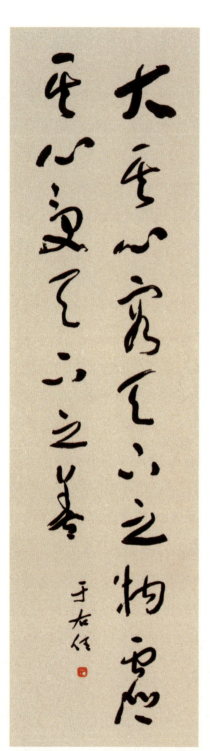

于右任作品

于右任先生是个革命家，所以他的书法研究过程非常突出地体现着其革命家的思想品格。他由一个书法爱好者逐渐转化成一个强烈的书法革命者，取得了至少在碑学领域无人能及的历史成就。他对书法的关怀不局限于书法本身，他的视野是整个中华民族的复兴与发展。后来他之所以大力推广历经数十年苦心经营的标准草书，最大的目的就是为了推动中国文字的发展，以便让汉字有一个易识、易写、实用的统一法则。通过文字的改革与发展达到推动社会文化发展之目的。所以于右任的书法胸怀是一个博大的宏伟的革命家胸怀。

从某种意义上讲，于右任是继王羲之以来中国书法史上的第二座高峰。中国书法主要由碑和帖两大主要系统构成，在中国书法史上，王羲之是帖学书法艺术最伟大的开创者和奠基人，而于右任是碑学领域里的"王羲之"，他不仅是"一代草圣"，更是继王羲之之后又一位超级书法大师，是诞生在我们这个时代的中国历史上第二位"书圣"。

第九章

台湾岁月

TAIWAN SUIYUE

在台湾的于右任，身兼一个监察院长的虚职，加上也足七十多岁的年龄，精力、体力大不如前，渐渐退出了政坛。不能在现实中施展拳脚，于右任只好寄情诗歌山水，过起了半隐居的生活。

第一节

悲离大陆

重庆谈判以后,蒋介石发动内战。于右任反对内战,反对蒋介石搞独裁,为两党和谈、国内和平多次奔走呼号,但终不能如愿。1948 年人民解放军取得辽沈、淮海、平津三大战役的胜利后,蒋家王朝覆灭已成定局。在一片责怨声中,蒋介石宣告下野,把一个烂摊子交给李宗仁。此后,李宗仁想和谈,并且拟定于右任为特使前往北平。虽然于右任对和谈抱着很大期望,但因故未能成行。

中国共产党对于右任非常关心,希望他能留在大陆,为国家建设出力。南京解放前夕,周恩来对于右任的女婿屈武说:"解放军过江占领南京后,你设法找到于老,叫他留在南京。届时派专机接他北上参加新政协,共商国是。"屈武深知于右任的为人秉性及政治观点，所以一口答应下来。然而，此时的蒋介石也在抓紧时间将人才和财富迁往台湾，屈武还未来得及将周恩来的话转告于右任时，于右任已被何应钦派人强行接到上海去了。

国民党胁迫于右任离开南京，先是到了上海，然后又到广州，最后去了重庆。本来的打算，是在重庆接上妻女一起赴台湾，但由于交通和信息不畅，妻女在山城等候数日，去了成都。在解放军隆隆的炮声中，于右任只得于 11 月 29 日乘飞机到台北，而重庆于 1949 年 11 月 30 日解放。这次离开，成为他一生中最后一次离开祖国大陆。

在台湾，于右任又当了十五年的"监察院院长"。于右任在台湾的官邸，坐落在台北市和平东路青田街，它是战前日本人建造的一座住宅，以木质结构为主。大门是绿色油漆的，院落不大，有几株老树，还有几盆海棠点缀其间。于右任的书房名叫"老学斋"。

于右任到台湾之初，发妻高仲林及长女于芝秀在原籍，幼子于中令及其母沈建华留居上海（中令时年仅十余岁，后送去台），大儿子儿媳又在南美洲，只有侄女和女婿同住。一家人分居大陆、台湾、南美数处，音讯阻隔，颇以为苦。时先生已年逾古稀，暮年易思乡，每当月明夜静时，漫步小庭院，望空怀念，黯然神伤。

于右任晚年在台湾，除了为亡友写序、写墓志铭，三月三、五月五、九月九参加诗会外，其余时间便是读书写字、看望朋友。后来由于腿有寒症，朋友上门的多，他到朋友家去得少，有几位从大陆一起来台的老友，他则坚持经常走动。

他的日常生活既简单又规律，据友人日记所记：每天早晨六点准时起床，早餐有时喝一碗豆浆，吃一根油条。饭后写字一小时。九点去监察院上班。中午回家吃饭，午饭两个馒头，两盘蔬菜。饭后午睡。下午三点再去上班。六点回家。晚饭常是一碗面条。晚饭后读书写字，常常会客。晚十二点就寝。后来年纪大些了，十点多就休息了。

于右任晚年依然笔耕不辍

于右任为人豪爽，对金钱财富视为身外之物，全无概念，更别说理财攒钱了。他去台湾不久，就因为家中访客太多，费用超支。他又是个侠肝义胆、富有同情心的人，经常接济和帮助身边的穷朋友，尤其是年轻人。时间一长，于右任只好借钱度日。当然，他堂堂一位"监察院长"，向人借钱，既难启齿，也诸多不便，所以这类难办的差事常让老副官宋子才去办。宋是从大陆跟随他到台湾的"老人"，对老"院长"的为人性格十分了解，曾劝过老人，也在经济上卡过老人，但都不生效果。到紧要关头，宋副官甚至把自己的一点积蓄也贴上。

著名画家张大千由国外回到台湾定居后，听说于右任竟然需要靠借贷度日，非常吃惊。他与于右任是多年的好朋友，平日里很多书信来往，张大千回台时，必定要拜访于右任，促膝长谈。1958年张大千过六十岁寿诞时，于右任还写了一首《浣溪沙》专门相贺：

上将于今数老张，飞扬世界不寻常；龙兴大海凤鸣冈。

作画真能为世重，题诗更是发天香；一池砚水太平洋。

张大千托人送去一笔钱，希望能帮助一下于右任的生活。于右任听说是张大千送来的，婉言辞谢。后来，张大千专程去拜访，坦率告诉于右任，他在美国的画展大获成功，许多画作被人高价收购，这点钱，实在不算什么。于右任见老友言辞切切，如此诚挚，拒之反而显得寡情，于是，就收下了这笔钱，偿还了副官宋子才平日所垫付的款项。

第二节

美食大家

在台湾的于右任，身兼一个监察院长的虚职，加上也是七十多岁的年龄，精力、体力大不如前，渐渐退出了政坛。不能在现实中施展拳脚，于右任只好寄情诗歌山水，过起了半隐居的生活。或许只有和老友一起聊天吃饭，才能让于右任感到一些快乐。虽然日常生活简朴，但于右任却是一位美食家，对饮食艺术颇有研究。

有一次，于右任以羊肉和鱼同炖，约几位朋友来官邸品尝。这些朋友称赞这道菜不但味美，而且香气四溢，他们说：水里的鱼同陆地上的羊搭配烹饪，从未吃过，可算得上是烹调术的一个发明。于说："这原是一种很古老的吃法，在一般书上都可以看到的，算不上是什么发明。"可是大家想了好

于右任作品

一会儿,想不出在什么书上有这种鱼与羊一起烹调的记载,只好向于右任请教。于笑着说:"古人造的'鲜'字,不就是鱼和羊合成的吗?"在场的朋友们乐得开怀大笑。

于右任的家乡在陕西三原县,他每次回家省亲,必吃家乡的特色菜。后来于右任到台湾,经常会怀念起这些菜。一次回老家,他听得有一家叫明德亭的餐馆,辣子煨鱿鱼远近闻名,于是专门去吃这道菜。他一身便装,和大家一起在门口等位,恰好被来此用餐的三原县长认了出来,忙请进饭馆。厨子张荣见于右任亲临,自然不敢怠慢,使出全身解数烧制了一道辣子煨鱿鱼。尝罢,顿觉肉质绵润、香辣爽口、滋味醇厚、回味无穷,当下赞不绝口。用餐后,于右任掏出银圆买单,张荣哪里肯收。于右任叫人拿来纸墨,挥毫题下"明德亭"三个大字,并落款"三原于右任",此事也是一段佳话。此后,于右任每次回故乡,都必去明德亭,品尝辣子煨鱿鱼。

1927 年秋天,他偕夫人与国民党元老李根源到苏州太湖赏花游玩。船到灵岩山下的木渎古镇,时近中午,大家饥肠辘辘,于是登岸就餐。岸上有家馆子,名叫叙顺楼,一行人决定在此吃午饭。这家饭馆的招牌菜是斑肺汤、三虾豆腐、白汤鲫鱼等,其中,斑肺汤是由斑鱼的肝制成的,斑鱼光滑无鳞,状如河豚,但只有两三寸大,又叫小河豚,是太湖特产。于右任尝了斑肺汤之后,大为赞叹,连连称赞"极鲜至美之物"。他向店家打听菜名,由于老板一口吴侬软语,于右任将斑肺误听为"鲃肺",当即索来纸笔,赋诗一首:

老桂花开天下香,看花走遍太湖旁;

归舟木渎尤堪记,多谢石家鲃肺汤。

由于名人于右任的无心之失,老板干脆将错就错,以后真就改名叫鲃肺汤了。现在这道菜依旧是苏州名菜。

于右任喜食蒜头、辣椒,几乎每餐必备,还自创了蒜头煮石首鱼与辣椒炒肉丝两款菜品。食家谭延闿对此赞不绝口。于右任在重庆七年,物质极端匮乏。为了改善生活,他常邀二三知友来山洞游龙山二十五号于公馆小酌,还亲自下厨烹饪,自煮羊肉尤为其拿手绝招。原来 1926 年他在苏联上乌金斯克滞留月余,得当地蒙古人亲授,学会制作"成吉思汗羊肉""高加索羊肉"等以羊为食材名肴。他在日本逃亡和学习期间,也在东京品尝过日本料理,到苏联又吃过正宗的俄式西餐,在上海静安寺还亲炙法国大菜。但他以为"我国的烹饪远胜于西方治膳,我们有熏、蒸、炒、炖、焖、拌、炸、熘、炝若干种之多,而西方只有煎、烤、煮三种,有小巫大巫之别"。有些朋友和他开玩笑说:"你不如把监察院院长辞掉,改任烹饪院院长吧。"

于右任一生为无数餐馆饭店题写过牌匾,也结交了无数名厨朋友。这里面最有名的餐馆要数南京马祥兴菜馆。这个餐馆开业于清道光二十年，原设于南京雨花台中华门外米行大街。在 20 世纪 20 年代时，餐厅以经营熘八样清真菜为特色，主要菜品有美人肝、松鼠鱼、凤尾虾、蛋烧卖等。于右任为其题写"马祥兴"匾额，使这里成为国民党要员经常聚会的地方，据说白崇禧也是饭店的股东之一。国共和谈时，张治中曾在这里设宴招待周恩来。

1945 年 9 月 6 日，国共谈判期间，于右任设午宴招待毛泽东、周恩来和王若飞等赴重庆谈判的代表。于右任是唯一为共产党代表设家宴招待的国民党要员，为了表示诚意和尊敬，菜单是他亲自制定的，包括毛泽东爱吃的红烧肉、干煸苦瓜、虎皮辣椒、糖醋脆皮鱼。当然还少不了于右任的看家菜：辣子煨鱿鱼。因为是陕西人，所以于右任和毛泽东同样嗜辣。两人的共同处当然不只在菜品的口味上，他们也都喜爱诗文、书法。据说宴席上两人聊起诗文，毛泽东大赞于右任《越调·天净沙》"大王问我，几时收复河山"发人深省。

作为美食家，于右任非常喜欢平民化的菜肴。他曾说：人生就像饮食，每得一样美食，便觉得生命更圆满一分，享受无味甘美，如同享受色彩美人一样，多一样收获，生命便丰足滋润一分。

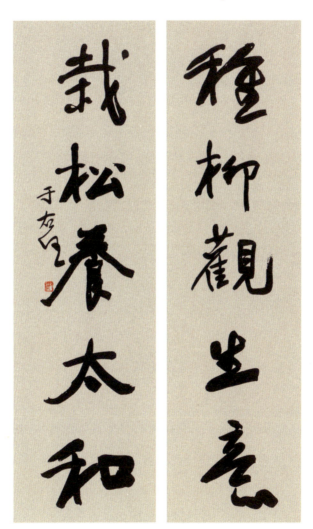

于右任作品

第三节

高风亮节

于右任的口碑，在民国政要中绝对是最好的。他的低调、真性情和高尚的品德，在那个时代，几乎已经成为人人皆知的传奇。他一生朋友无数，没有一个敌人；他长年身居高位，却从未有任何的徇私舞弊之行为；他贵为民国元老，却总是喜欢与普通老百姓交往。任何时候，任何场合，他都是一袭布衣，高大的身材和拂胸的美髯，成为他标志性形象。

于右任的秘书胡恒先生曾回忆说，于右任在台湾的住处陈设俭朴，寝室很小，除了木床和书架，没有别的家具。于右任矢言"不置私产。"古人云：前人栽树后人乘凉，子承父业。于右任反其道而行之，他"栽"树，拒绝儿孙享福。

于右任早年穿的布衣布鞋，都是夫人亲手缝制。到台后,由一南洋华侨家属供给,直至临终。于右任在台湾的官邸,从不设门卫,访客来时,不用通报,不用名片,来去自由,毫无大公馆的排场,与真正的民宅毫无二致,这在台湾官场中实属罕见的。他的书房就是会客室,由于

于右任与刘延涛合影

他十分好客,往往来宾云集,座无虚席,不得已,只好前客让后客,走了一拨再接待下一拨。晚年他腿脚不利,就总是坐在书桌旁的圆椅上,来者点头,去者挥手,不再起立迎送,客人觉得十分自然,主人也无不便之感,小小的客厅,总是如沐春风,笑语满堂。

由于会客太多,他的秘书就劝他适当减少会客时间,多休息。于右任听了不以为然,认为会客也能增长知识,学到很多东西,精神上也是一种愉悦放松。他对身边的人说:"每个人都有他的特长,或是学问,或是能力。而每个人也都愿意表现自己的所长,让客人多显示自己的长处,在客人有畅所欲言的快乐,而我们则从其畅所欲言中上了一课。这样日积月累,收益是不可计算的!"他认为多听是收入。在长者面前多听话,可以增长人生的经验;在专家面前多听话,可以增加人生的知识;在众人面前多听话,更可以集思广益。由于老人对会客有如此卓见,所以他无论到什么地方,总是宾客满堂,三教九流,无所不有,他不论其社会地位如何,概以礼相待,所以于公馆的客人经常络绎不绝。

于右任做高官,享厚禄,但他是真正的一介布衣:穷。与他的身份相比,他是真穷,经常出现"一分钱难倒英雄汉"的场景。20世纪30年代,他在上海因患伤寒,找到著名中医陈存仁为他治疗。陈医生药到病除,可是于右任却无钱付诊费。过意不去的于右任,亲自手书一帖怀素体的《千字文》赠送给医生,并解

释说:"(我)仅拿公务员的薪水,所有的办公费、机密费一概不收。所得的薪水,只够很清苦的家用,到东到西,袋里从不带钱,身上只带一只'褡裢袋',别人是放银子的,我的褡裢袋只放两颗图章,参加任何文酒之会,或者有人馈赠文物,我别无长物为报,只好当场挥毫,盖上两个印就算了。"陈医生听了,哭笑不得,却也佩服于右任的清廉潇洒。

1948年4月,国民政府选举副总统,于右任也参选。别的候选人各显其能,轻车熟路大搞拉票,银子花得满天飞。有人问于右任如何拉票拉关系,答曰:"我有条子。"追问之下,才知这"条子"并不是金条,而是他写的"为万世开太平"条幅。这种"条子"不是金钱,但也得到代表的欢迎,最多时每小时一二百人排队来取。第一天投票,于右任得四百九十三票,即遭淘汰。次日他准时出席,一派飘逸大度,全场代表起立鼓掌,达十分钟之久。最后是桂系李宗仁获胜,但清贫豁达的于右任,却成了民国官员的做人典范。

第四节

高山之上

于右任在台湾，一待就是十五年。他年纪愈大，思乡之情愈强烈，有一次去基隆港视察，于右任触景生情，有感而发，赋诗一首：

云兴沧海雨凄凄，港口阴晴更不齐。

百世流传三尺剑，万家辛苦一张犁。

鸡鸣故国天将晓，春到穷檐路未迷。

宿愿犹存觅好句，希夷大笑石桥西。

在另外的两首诗中，他也写道：

破碎河山容再造,凋零师友亿同游,中山陵树年年老,扫墓于郎已白头。

不寐夕盼天明,天明雨放晴。江山须自造,指日见升平。

这些诗词不仅反映了晚年于右任痛苦悲哀的凄楚心情，也说明他对祖国大陆的改变和取得的成绩是清楚的，对统一充满了期盼。

1964 年，于右任因为脚疾，不能行走，起坐都得由人扶持，喉管几乎不能发音，于是被送入荣民医院。在医院的三个月里，他的身体状况不见好转，整天躺在病床上，他又不愿去麻烦护士和副官，渐渐得了褥疮，又因牙痛拔牙感染，引起高烧，转成肺炎。11 月 10 日晨，他的血压开始下降，心音减弱，心跳不规则，脉搏及呼吸先快后慢，身边人呼唤他也不再有任何反应。晚八点零八分，主治医师宣布不治，于右任在台北荣民医院逝世，终年八十六岁。

于右任病故后，人们为了寻找遗嘱，打开了他的自用保险箱。眼前的一切震惊了所有在场的人，保险箱中既没有金银珠宝，也没有美金钞票，只有一些其生前的日记和书札，以及为其三公子于中令上半年出国留学筹集旅费所出具之借款单的底稿，还有平日挪借副官宋子才数万元的账单，再有就是夫人高仲林女士早年为他亲手缝制的布鞋袜。在场的人目睹此遗物，无不凄然。于右任做高官几达五十年，所遗者唯几千册书、日常衣物及普通用具而已，连遗嘱也未曾留下。故治丧委员将其 1962 年 1 月 24 日病中所写的《望大陆》一诗，作为遗嘱：

于右任与孙女

葬我于高山之上兮,望我大陆;葬我于高山之上兮,望我大陆;大陆不可见兮,只有痛哭! 葬我于高山之上兮,望我故乡;故乡不可见兮,永不能忘! 天苍苍,野茫茫,山之上,国有殇!

遵照"葬我于高山之上"的意思,于右任的遗体被安葬于台北最高处、海拔四千米的大屯山观音山上。人们还在玉山顶峰竖立起一座面向大陆的于右任半身铜像。玉山山势险峻,四米高的铜像,建材全是由台湾登山协会的会员和两位体健的当地人一点一点背上山的,了却了于右任登高远眺故土的心愿。

于右任病重时,他的老部下、原台湾"监察院"秘书长杨亮功到医院看望,问他:"您老有什么事吩咐我?"于右任此时已不能发声,只好用手势表达自己的意思。他首先伸出一个指头,接着又伸出三个指头。杨亮功猜测了几个答案,都被于右任摇头否定了。杨亮功怎么也猜不中是什么意思,只好说:"院长,等你身体好一些再来问吧,行不行?"他点了点头。

于右任去世后,杨亮功向资深报人陆铿提起手势的事情,陆铿反复考虑后,提出一种解法,认为于右任的"一个指头"是指祖国统一,"三个指头"代表三原县。合在一起就表示:将来中国统一了,请将他的灵柩归葬于陕西三原县故里。

斯人已逝,故人的心思已成天语,但陆铿的这一解释获得了不少人,尤其是故乡人的认同。故乡的人们期盼着,愿这一天早日到来。